지 장 경

지장보살예찬문

효림

편역자 김현준 金鉉埈

동국대학교 대학원에서 불교학을 전공하고, 한국학중앙연구원에서 한국불교를 연구하였으며, 우리문화연구원 원장과 성보문화재연구원 원장을 역임하였다. 현재 불교신행연구원 원장, 월간「법공양」발행인 겸 편집인, 효림출판사와 새벽숲출판사의 주필 및 고문으로 활동하고 있다.

저서로는『사찰, 그 속에 깃든 의미』·『생활 속의 반야심경』·『생활 속의 천수경』·『생활 속의 보왕삼매론』·『예불문, 그 속에 깃든 의미』·『육바라밀』·『사성제와 팔정도』·『삼법인·중도』·『인연법』·『사섭법』·『광명진언 기도법』·『신묘장구대다라니 기도법』·『참회·참회기도법』·『불교의 자녀사랑 기도법』·『기도성취 백팔문답』·『참회와 사랑의 기도법』·『미타신앙·미타기도법』·『관음신앙·관음기도법』·『지장신앙·지장기도법』·『석가 우리들의 부처님』·『참 생명을 찾는 경봉스님 가르침』·『선수행의 길잡이』·『아! 일타큰스님』·『바보가 되거라』등이 있다.

『자비도량참법』·『약사경』·『지장경』·『육조단경』·『보현행원품』·『부모은중경』을 한글로 번역하였으며,〈원효의 참회사상〉등 다수의 논문이 있다.

지장경 · 지장보살예찬문 ·

초 판 1쇄 펴낸날 2014년 6월 15일
   21쇄 펴낸날 2025년 4월 11일

편역자 김현준
펴낸이 김연지
펴낸곳 효림출판사
등 록 1992년 1월 13일 (제 2-1305호)
주 소 서울특별시 서초구 반포대로14길 30, 907호 (서초동, 센츄리I)
전 화 02-582-6612, 587-6612
팩 스 02-586-9078
이메일 hyorim@nate.com

값 8,000 원

ⓒ 효림출판사 2014
ISBN 978-89-85295-90-1 03220

이 책을 수지독송하는 이들에게

　불교신행연구원에서 발행하는 월간「법공양」에다 6회에 걸쳐 《지장신앙·지장기도법》을 연재하면서, 〈종합적인 지장기도법〉에 대한 글을 쓰자, 너무나 많은 회원님들로부터 기도법에 대한 문의와 〈지장보살예찬문〉에 대한 문의가 있었습니다.

　이에 책을 펼쳐들면 누구나 지장기도를 잘 행할 수 있게끔, 《지장경》과 〈지장보살예찬문〉을 함께 엮어 책을 펴내게 되었습니다.

　실로 사람이면 누구나 건강하고 행복하고 뜻하는 바를 이루며 살기를 바라지 않는 이가 없습니다. 그런데도 우리의 삶은 우리의 바람처럼 되지 않습니다. 타고난 업보와 뜻하지 않은 장애들이 수시로 찾아들어 앞길을 막기 때문입니다.

　이 장애들이 없어지지 않는 이상에는 뜻하는 바대로 살기가 어려울 뿐 아니라, 행복도 향상된 삶도 쉽게 이루어지지 않습니다. 정녕 우리가 뜻하는 바를 이루어 행복하게 살고, 공부를 잘 하여 향상의 길로 나아가기를 원한다면, 백일을 기한으로 정하고 한차례의 지장기도를 하는 것이 매우 바람직합니다.

특히 큰 일을 이루고자 하는 이나 사업을 시작하는 이, 결혼, 시험공부, 자식의 일, 삶의 대전환을 가져보고자 하는 이들에게는 '종합적인 지장기도법'에 따라 백일기도부터 할 것을 간곡히 권하여 봅니다.

그 방법은 다음과 같습니다.

    1. 지장경을 처음부터 끝까지 1번 독송
    2. '나무지장보살'을 천번 염송
    3. 지장보살예찬문을 외우며 158배
    4. '지장보살' 천번 염송

한번 해 보십시오. 틀림없이 좋은 결실을 맺을 것입니다.

그런데 어떻게 해야 가장 효과적으로 기도를 할 수 있는가?

이들 각각에 대한 방법은 각 장의 앞부분에다 자세히 설명해 두었습니다.

부디 잘 기도하여 꼭 소원성취하기를 축원드리옵고, 이 책을 펴낸 공덕을 일체중생의 행복과 깨달음에로 회향합니다.

金鉉埈 분향

목 차

이 책을 수지독송하는 이들에게

I

지 장 경

《지장경》을 독송할 때

1. 경문을 읽기 전에

① 먼저 3배를 올리고 삼귀의를 한 다음, 지장경을 펼치고 기본적인 축원부터 세 번 합니다.

"시방세계의 충만하신 불보살님이시여, 이제 지장경을 독송하는 공덕을 선망조상과 유주무주 영가의 천도, 그리고 일체 중생의 행복을 위해 바칩니다. 아울러 저희 가족 모두가 늘 건강하옵고, 하는 일들이 다 순탄하여지이다."(3번)

② 이렇게 기본적인 축원을 한 다음, 꼭 성취되기를 바라는 일상의 소원들을 함께 축원하십시오. 예를 들면,

"대원본존 지장보살이시여 가피를 내려 이 죄업 중생의 업장을 녹여주시옵고, · · · 가 꼭 성취되게 하옵소서."(3번)

라고 합니다. 이 경우, 그 구체적인 소원들을 문장으로 만들어 14페이지의 '지장 기도 발원문' 난에 써놓고, 독경을 하기 전과 독경을 마친 다음 세 번씩 축원을 하면 좋습니다.

③ 축원을 한 다음 개경게와 「개법장진언」 '옴 아라남 아라다'를 세 번 염송하고, 이어 '나무지장보살본원경'을 세 번 외웁니다. 경의 제목은 그 경전 내용의 핵심을 함축하고 있고

공덕이 매우 크기 때문에 꼭 세 번씩 염송하기를 당부드리는 것입니다.

2. 경문을 독송할 때

① 지장경을 읽을 때 한문 해독능력이 뛰어난 분이라면 한문본을 읽는 것이 좋지만, 한문 해독능력이 충분하지 못한 분은 뜻을 한글로 풀어놓은 번역본을 읽는 것이 훨씬 더 좋습니다. 왜냐하면 읽는 내가 내용을 이해하지 못하고 글자만 읽게 되면, 감동이 없을 뿐 아니라 공덕 또한 크게 떨어지기 때문입니다.

특히 영가는 우리의 말소리를 듣는 것이 아니라 생각을 읽는 존재이기 때문에, 읽는 사람이 그 내용을 이해하지 못하면 영가도 알아듣지 못하게 됩니다.

따라서 지장경을 읽을 때는 반드시 '나' 스스로에게, 또 영가에게 들려준다는 자세로 정성껏 읽어야 합니다. 절대로 '그냥 한 편을 읽기만 하면 된다'는 자세로 뜻 모르고 읽어서는 안 됩니다. 스스로 뜻을 새기고 이해를 하며 읽는 것이 무엇보다 중요하다는 것을 꼭 명심하시기 바랍니다.

② 독경을 한다고 하여 처음부터 끝까지 좔좔좔 시냇물 흘러가듯 읽어내려 갈 필요는 없습니다. 지장경을 읽다가 특별히 마음에 와 닿는 구절이 있거나 새기고 싶은 이야기가 있으

면 다시 한 번 읽으면서 사색에 잠기는 것도 좋습니다.

이렇게 독경을 하게 되면 지장경의 내용이 차츰 '나'의 것이 되고, 지장경의 가르침이 '나'의 것이 되면 천도와 업장참회는 물론이요 무량공덕이 저절로 생겨나게 됩니다.

③ 지장경을 모두 독송하여 마쳤거나, 2일 또는 3일로 나누어 할 경우에 그날의 독송을 끝마쳤으면, 다시 스스로가 만든 '지장경 독송 발원문'을 세 번 읽고 3배를 드린 다음,

'부처님 감사합니다. 감사합니다. 감사합니다.'

'지장보살님 감사합니다. 감사합니다. 감사합니다.'

'부처님과 지장보살님을 잘 모시고 살겠습니다.'

를 세 번 염하며 끝을 맺습니다.

3. 독경 기도 기간 및 독송 분량

① 이 지장기도는 기본적으로 49일 또는 100일을 잡는 것이 좋으며, 최소한으로 잡을 때에도 21일은 해야 합니다.

② 독송시에는 경 전체를 하루 동안에 한 번씩 읽는 것을 원칙으로 합니다. 그러나 지장경 독송 기도를 하고 싶은데 시간이 없어 하루 한 번씩 읽기가 무리인 경우에는, 지장경 전체를 2일에 한 번 또는 3일에 한 번으로 나누어 읽을 수는 있습니다.

전체를 2일에 나누어 읽을 경우, 제1일에는 처음부터 제6

여래찬탄품까지 읽고, 제2일에는 제7 이익존망품부터 끝까지 읽도록 합니다.

전체를 3일에 나누어 읽을 경우, 제1일에는 처음부터 제4 염부중생업감품까지 읽고, 제2일에는 제5 지옥명호품부터 제8 염라왕중찬탄품까지, 제3일에는 제9 칭불명호품에서 끝까지 읽도록 합니다.

하지만 될 수 있는 한 4일보다 더 나누지는 마십시오. 아무리 바빠도 경 전체를 4일에 한 번은 독송해야 기도가 됩니다.

③ 독송을 할 때 단정히 앉아 하는 것이 원칙이지만, 몸이 많이 불편하다면 비스듬히 기대어 읽어도 좋고, 시간이 여의치 않다면 지하철·버스 등을 타고 다니면서 읽거나 여가가 날 때마다 틈틈이 읽는 것도 무방합니다. 뜻을 이해하면서, 지장보살님과 함께하는 마음으로 읽는 것이 가장 중요합니다.

④ 매일 독송하다가 부득이한 일이 발생하여 못 읽게 되는 경우가 있을 것입니다. 그때는 꼭 지장보살님께 못 읽게 된 사정을 고하고, 마음속으로 '다음 날 또는 기도기간을 하루 더 연장하여 반드시 읽겠다.'고 약속하면 됩니다.

부디 여법히 잘 독경하시기를 축원드립니다.
나무지장보살본원경 나무대원본존지장보살마하살.

지장 기도 발원문

거듭 부처님과 지장보살님께 감사드리면서
지장기도를 한 공덕을 법계에 회향하옵니다.

나무시아본사석가모니불(3번)
나무대원본존지장보살(3번)

개경계 開經偈

가장높고 심히깊은 부처님법문
백천만겁 지나간들 어찌만나리
저희이제 보고듣고 받아지녀서
부처님의 진실한뜻 깨치오리다

無上甚深微妙法　무상심심미묘법
百千萬劫難遭遇　백천만겁난조우
我今聞見得受持　아금문견득수지
願解如來眞實意　원해여래진실의

개법장진언 開法藏眞言
옴 아라남 아라다(3번)

나무지장보살본원경(3번)

15

第一 切利天宮神通品
제1 도리천궁신통품
도리천궁에서의 신통

이와 같이 나는 들었다.

어느 때 부처님께서는 도리천궁(切利天宮)에 계시면서 어머니 마야부인(摩耶夫人)을 위해 법을 설하셨다.

그때 시방 무량세계의 말할 수 없이 많은 부처님과 대보살마하살(大菩薩摩訶薩)이 모두 이 법회에 참여하여 찬탄을 하였다.

"석가모니불께서는 능히 이 오탁악세(五濁惡世)에서 불가사의한 대지혜와 신통력을 나타내어 억세고 거친 중생들을 조복하시고, 괴로움과 즐거움의 법인 고락법(苦樂法)을 가르쳐 바른 길로 인도하신다."

그리고 각기 시자를 보내시어 부처님께 문안을 드렸다.

이때 부처님께서 미소를 머금고 백천만억의 대광명(大光明) 구름을 놓으시니, 곧 대원만(大圓滿)광명구름이요 대자비(大慈悲)광명구름이요 대지혜(大智慧)광명구름이요 대반야(大般若)광명구름이요 대삼매(大三昧)광명구름이요 대길상(大吉祥)광명구름이요 대복덕(大福德)광명구름이요 대공덕(大功德)광명구름이요 대귀의(大歸依)광명구름이요 대찬탄(大讚歎)광명구름이었다.

이러한 광명의 구름을 놓으시고는 다시 여러 가지 미묘한 음(音)을 내셨으니, 이른바 보시바라밀음(布施波羅蜜音)이요 지계(持戒)바라밀음이요 인욕(忍辱)바라밀음이요 정진(精進)바라밀음이요 선정(禪定)바라밀음이요 지혜(智慧)바라밀음이며, 대자대비음(大慈大悲音)이요 대희대사음(大喜大捨音)이며, 해탈음(解脫音)이요 무루음(無漏音)이요 지혜음이요 대지혜음이며, 사자후음^{獅子吼音}이요 대사자후음이요 운뢰음^{雲雷音}(천둥소리)이요 대운뢰음이었다.

이렇게 말로는 다 표현하기 어려운 음을 내시자, 사바세계와 타방국토의 한량없이 많은 천^天·용^龍·귀신^{鬼神}들이 도리천궁으로 모여들었다. 곧 사천왕천^{四天王天}·도리천^{忉利天}·야마천^{夜摩天}·도솔천^{兜率天}·화락천^{化樂天}·타화자재천^{他化自在天}·범중천^{梵衆天}·범보천^{梵輔天}·대범천^{大梵天}·소광천^{少光天}·무량광천^{無量光天}·광음천^{光音天}·소정천^{少淨天}·무량정천^{無量淨天}·변정천^{遍淨天}·복생천^{福生天}·복애천^{福愛天}·광과천^{廣果天}·엄식천^{嚴飾天}·무량엄식천^{無量嚴飾天}·엄식과실천^{嚴飾果實天}·무상천^{無想天}·무번천^{無煩天}·무열천^{無熱天}·선견천^{善見天}·선현천^{善現天}·색구경천^{色究竟天}·마혜수라천^{摩醯首羅天}, 그리고 비상비비상처천^{非想非非想處天}의 온갖 천인들과 용의 무리·귀신의 무리들이 법회에 모여들었다.

나아가 타방국토와 사바세계에 있는 해^海

神·강신(江神)·하신(河神)·수신(樹神)·산신(山神)·지신(地神)·천택신(川澤神)·묘가신(苗稼神)(곡식신)·주신(晝神)·야신(夜神)·허공신(虛空神)·천신(天神)·음식신(飮食神)·초목신(草木神) 등의 모든 신들도 법회에 모여들었다.

또한 타방국토와 사바세계의 모든 큰 귀왕(鬼王)들, 이른바 악목귀왕(惡目鬼王)에서부터 담혈귀왕(啖血鬼王)·담정기귀왕(啖精氣鬼王)·담태란귀왕(啖胎卵鬼王)·행병귀왕(行病鬼王)·섭독귀왕(攝毒鬼王)·자심귀왕(慈心鬼王)·복리귀왕(福利鬼王)·대애경귀왕(大愛敬鬼王)에 이르기까지 모두 법회에 모여들었다.

그때 석가모니불께서 법왕자(法王子)인 문수사리(文殊舍利)보살마하살에게 이르셨다.

"그대는 지금 이 세계와 타방세계, 이 국토와 타방국토에서 이 도리천의 법회에 참석한 불보살들과 천·용·귀신들의 수효를 알 수가 있겠느냐?"

"세존이시여, 저의 신통력으로는 천 겁

동안을 헤아린다 할지라도 그 수를 알지 못하겠나이다.”

　“내가 불안(佛眼)으로 관찰하여도 그 수를 다 헤아리지 못하느니라. 이 대중들은 지장보살(地藏菩薩)이 오랜 세월을 지내오면서 이미 제도하였거나 지금 제도를 하고 있거나 미래에 제도를 할 이들이며, 또한 이미 성취를 시켰거나 지금 성취시키고 있거나 미래에 성취시킬 이들이니라.”

　문수사리보살이 부처님께 아뢰었다.

　“세존이시여, 저는 과거세에 오랫동안 선근을 닦아 걸림없는 지혜를 얻었으므로 부처님의 말씀을 듣고 마땅히 믿고 받아 지닐 수 있나이다. 그러나 소승(小乘)의 성문(聲聞)과 천·용 등의 팔부신중(八部神衆)과 미래세의 중생들은 부처님의 진실한 말씀을 듣고도 오히려 의심을 품

을 것이며, 설령 받아들였다가도 비방하게
되는 일이 많을 것이옵니다.

바라건대 세존이시여, 지장보살마하살은
과거에 어떠한 행(行)을 닦았고 어떠한 원(願)을 세
웠기에 이처럼 불가사의한 일을 능히 성취
할 수 있었는지를 말씀하여 주옵소서."

부처님께서 문수사리보살에게 이르셨다.

"비유하건대 저 삼천대천세계(三千大千世界)에 가득한
풀·나무·숲·벼·삼나무·대나무·갈대들,
산의 돌과 가는 티끌에 이르기까지 갖가지
물건을 하나하나 세어서 그 수만큼의 항하(恒河)
(갠지스강)가 있다고 하자. 그리고 그 많은 항하
의 모래알 하나를 한 세계씩으로 삼고, 다시
그 한 세계 속의 티끌 하나를 1겁으로 삼은
다음, 또다시 그 모든 겁 동안에 쌓인 먼지
하나하나를 1겁씩으로 삼을지라도, 지장보

살이 십지^{十地}의 과위^{果位}를 증득한 이래 교화한 세월은 위에서 비유하여 말한 것보다 천 배나 많으니라.

하물며 지장보살이 성문이나 벽지불^{辟支佛}의 지위에 있던 동안 교화한 세월까지 더한다면 어찌 다 헤아릴 수 있겠느냐.

문수사리여, 지장보살의 신통력과 서원^{誓願}은 생각으로 가히 측량할 수가 없느니라. 만일 미래세의 선남자 선여인이 지장보살의 명호를 듣고 찬탄하거나, 우러러보고 예배하거나, 명호를 부르거나, 공양을 올리거나, 존상을 그리거나 조각하여 만들거나, 존상에 보기좋게 칠을 하면, 이 사람은 마땅히 백 번을 도리천에 태어나며 영원히 나쁜 세상에 떨어지지 않게 되느니라.

문수사리여, 지장보살마하살은 멀고도

아득한 겁 전에 큰 장자의 아들로 태어났느
니라. 그때 세상에는 사자분신구족만행여래(獅子奮迅具足萬行如來)
가 계셨는데, 장자의 아들은 부처님의 상호
가 천복(千福)으로 장엄되어 있음을 보고 부처님
께 여쭈었느니라.

'세존께서는 어떠한 서원을 세워 수행하
셨기에 지금과 같은 훌륭한 상호를 이루셨
나이까?'

사자분신구족만행여래께서 장자의 아들
에게 이르셨느니라.

'이와 같은 몸을 이루고자 하거든 마땅히
오랜 세월 동안 고통받는 중생들을 제도하
여 해탈시켜야 하느니라.'

문수사리여, 그때 장자의 아들은 곧 큰 서
원을 세웠느니라.

'지금부터 미래의 세상이 다할 때까지 아

무리 오랜 겁이 될지라도, 죄업으로 인해 고통을 받는 육도중생들에게 널리 방편을 베풀어, 그들 모두를 해탈시키고 나서 저 자신도 불도를 이루겠나이다.'

그로부터 지금까지 백천만억 나유타(那由他)라는 이루 말할 수 없는 겁이 지났건만, 지장보살은 아직도 보살행을 닦고 있느니라.

또 과거 헤아릴 수 없이 오랜 아승지겁(阿僧祇劫) 전에 부처님이 계셨으니, 명호가 각화정자재왕여래(覺華定自在王如來)요, 수명은 4백천만억 아승지겁이었느니라.

그 부처님께서 열반하신 뒤의 상법시대(像法時代)에 한 바라문의 딸이 있었나니, 그녀는 과거 여러 생 동안 깊고 두터운 복을 심었기에 사람들로부터 흠모와 존경을 받았으며, 어느 곳을 가거나 머물거나 앉거나 눕거나 천신들이 그녀를 지켜주었느니라.

　　그러나 그녀의 어머니는 삿된 것을 믿기를 좋아하고, 항상 불·법·승 삼보를 업신여겼더니라. 딸은 여러 가지 방편을 써서 어머니로 하여금 바른 생각을 내게 하였지만, 어머니는 온전한 믿음을 가지지 않았고, 오래지 않아 목숨이 다해 혼신(魂神)이 무간지옥(無間地獄)에 떨어졌느니라.

　　바라문의 딸은 어머니가 세상에 살아 계실 때 인과를 믿지 않고 악업을 일삼았으므로 당연히 업에 따라 악도에 떨어졌을 것으로 알고, 집을 팔아 좋은 향과 꽃 등의 공양물을 구입하여 각화정자재왕여래의 탑이 있는 절에 가서 크게 공양을 올렸느니라.

　　그때 바라문의 딸은 절 안에 모셔져 있는 각화정자재왕여래의 상이 매우 단정하고 위엄있고 원만한 것을 보고, 우러러 예배하고 크게 공경하는 마음을 내면서 생각하였느니라.

'부처님께서는 큰 깨달음〔大覺〕을 이루신 분이니 모든 지혜를 다 갖추셨으리라. 이 부처님께서 세상에 계셨을 때 부처님을 뵙고 여쭈었다면 돌아가신 어머니가 태어난 곳을 반드시 일러주셨으리라.'

그리고는 부처님을 우러러보고 울면서 기도를 하고 있을 때, 홀연히 공중에서 소리가 들려 왔느니라.

'울고 있는 성녀〔聖女〕여, 너무 슬퍼하지 말라. 내 이제 어머니가 간 곳을 일러주리라.'

이에 바라문의 딸은 공중을 향하여 합장하고 아뢰었느니라.

'그 어떤 신묘로운 덕을 갖추신 분이기에

저의 근심을 너그러이 풀어주시옵니까? 어머니를 잃은 뒤 밤낮으로 생각해 보았으나, 어머니가 가신 곳을 물을 데가 없었나이다.'

그때 공중에서 또 소리가 들려 왔느니라.

'나는 정성을 다하여 올린 너의 절을 받은 과거의 부처님 각화정자재왕여래니라. 네가 어머니를 생각하고 사랑하는 마음이 다른 사람들보다 몇 배나 더하기에, 특별히 와서 일러주노라.'

이 소리를 듣고 바라문의 딸은 감격하여 몸부림을 치다가 팔다리가 성한 데 없이 모두 다쳐 쓰러졌고, 좌우에 있던 이들이 부축하고 돌보아주어 한참만에야 정신을 차린 다음 공중을 향하여 아뢰었느니라.

'부처님이시여, 인자하신 마음으로 저를

불쌍히 여기시어 저의 어머니가 태어난 곳을 속히 일러주옵소서. 저는 이제 몸과 마음을 가눌 수가 없고 곧 죽을 것만 같나이다.'

각화정자재왕여래께서 이르셨느니라.

'공양 올리기를 마치거든 너는 곧 집으로 돌아가서 단정히 앉아 나의 명호를 생각하라. 그리하면 네 어머니가 태어난 곳을 알게 되리라.'

이에 바라문의 딸은 곧 부처님께 예배를 드리고 집으로 돌아와서, 단정히 앉아 어머니를 떠올리며 각화정자재왕여래의 명호를 생각하였느니라. 그렇게 하루 낮과 하루 밤이 지났을 때, 홀연히 자신이 한 바닷가에 와 있음을 알게 되었느니라.

자세히 보니 그 바닷물은 펄펄 끓고 있었고, 주위에는 몸이 쇠로 된 사나운 짐승들이 이리저리 날아다니면서 바다 속에 빠져 허우적거리는 수많은 남녀들을 다투어 잡아먹고 있었느니라.

또 보니 야차들이 있는데, 그 형상이 가지가지여서 손과 발은 물론 머리와 눈도 여럿이요, 입 밖으로 삐쳐나온 이빨은 날카롭기가 칼날이나 갈고리 같았느니라. 이들은 죄인을 사나운 짐승들 가까이로 몰아주거나, 스스로 죄인들을 때리고 움켜잡아 다리와 머리를 한데 얽어 묶어놓는 등, 그 고통받는 형상이 천만 가지여서 차마 눈을 뜨고 볼 수가 없었더니라. 그러나 바라문의 딸은 부처님을 생각하는 힘〔念佛力〕덕분에 전혀 두려움을 느끼지 않았느니라.

그곳에는 무독(無毒)이라는 귀왕(鬼王)이 있었는데, 귀왕이 머리를 조아려 성녀를 경건히 맞이

하며 말하였느니라.

'착한 보살이여, 어떠한 인연으로 이곳까지 오셨습니까?'

바라문의 딸이 귀왕에게 물었느니라.

'이곳은 어떤 곳입니까?'

'대철위산(大鐵圍山) 서쪽에 있는 첫 번째 바다입니다.'

'철위산 안에는 지옥이 있다고 들었는데, 그것이 사실입니까?'

'참으로 지옥이 있습니다.'

'어떻게 하면 제가 그곳까지 갈 수 있겠습니까?'

'그곳은 부처님의 위신력(威神力)과 업력(業力), 이 두 가지 인연으로만 갈 수 있을 뿐입니다.'

성녀가 다시 물었느니라.

'이 물은 어떤 연유로 저렇게 끓어오르

며, 어찌하여 죄인과 사나운 짐승들이 저다지도 많습니까?'

'염부제(閻浮提)(인간세계)에서 악한 짓을 하다가 죽은 중생들 가운데, 49일이 지나도록 그를 위해 공덕을 지어 고난에서 건져주는 일이 없거나, 살아 있을 때 착한 인연을 지은 것이 없으면, 본래 지은 악업대로 지옥에 가야 되므로 어쩔 수 없이 이 바다를 먼저 건너야 하기 때문입니다.

이 바다 동쪽으로 십만 유순(由旬)을 지나면 또 한 바다가 있으니 그곳의 고통은 여기의 배가 되며, 그 바다 동쪽에 또 한 바다가 있으니 그곳의 고통은 다시 배가 됩니다.

이 세 바다에서의 고통은 몸과 말과 뜻으로 지은 악업〔三惡業(삼악업)〕 때문에 스스로 받게 되는 것입니다. 그래서 이곳을 업의 바다〔業海(업해)〕

라고 합니다.’

　‘지옥은 어디에 있습니까?’

　‘저 세 바다 속이 대지옥이요, 그 지옥의 수는 백천이나 되며, 각각 차별이 있습니다. 큰 지옥이 열여덟이고, 다음으로 오백이 있고, 또 그 다음으로 천백이나 있는데, 그 지독한 고초는 한량이 없습니다.’

　성녀가 또 물었느니라.

　‘저의 어머니는 돌아가신 지가 얼마되지 않았는데, 혼신이 어느 곳에 가 있는지 알 수 없겠습니까?’

　‘보살의 어머니는 살아 계실 때 어떤 일을 하셨습니까?’

　‘저의 어머니는 그릇된 소견으로 삼보를 비방하였고, 설혹 잠깐 믿다가도 금방 공경하지 않았습니다. 돌아가신 지는 얼마 되지

않았으며, 태어난 곳은 알지 못합니다.'

'어머니의 성씨가 무엇입니까?'

'저의 부모는 바라문 종족으로 아버지의
이름은 시라선견^{尸羅善見}이요, 어머니의 이름은
열제리^{悅帝利}입니다.'

무독귀왕이 합장하고 성녀에게 말하였느
니라.

'보살께서는 너무 슬퍼하거나 근심하지
마시고 집으로 돌아가십시오. 죄인이었던
열제리는 천상에 태어난 지 3일이 되었습니
다. 효순한 자식이 어머니를 위하여 각화정
자재왕여래의 탑이 있는 절에 공양을 올리
고 복을 닦은 공덕으로, 보살의 어머니뿐만
아니라 그날 이 무간지옥에 있던 죄인들 모
두가 함께 천상에 태어나 행복을 누리게 되
었습니다.'

이 말을 마치고 무독귀왕은 합장하며 물러갔느니라.

꿈과 같이 집으로 돌아온 바라문의 딸은 모든 사실을 깨닫고, 곧 각화정자재왕여래의 탑사(塔寺)에 모신 불상 앞으로 나아가 크고 넓은 서원을 세웠느니라.

'맹세하오니, 미래의 겁이 다하도록 죄고(罪苦)에 빠진 중생이 있으면 마땅히 널리 방편을 베풀어 해탈케 하겠나이다' 하였느니라."

부처님께서 문수사리보살에게 이르셨다.

"그때의 무독 귀왕은 지금의 재수보살이요, 바라문의 딸은 바로 지장보살이니라."

제2 분신집회품
분신들이 법회에 모임

그때 생각으로 추측할 수도 헤아릴 수도 없고, 말로 다 할 수도 없는 백천만억 무량 아승지세계에 있는 지옥에 몸을 나투었던 지장보살의 분신들이 도리천궁으로 모여들었다.

또한 여래의 위신력에 의해 자기가 받은 업의 세계로부터 벗어난 천만억 나유타 수의 무리들이 향과 꽃을 가지고 와서 부처님께 공양을 올렸다.

이들은 모두가 지장보살의 교화를 받아

영원토록 아뇩다라삼먁삼보리(阿耨多羅三藐三菩提)(위없는 바른 깨달음)에서 물러서지 아니할 자들이었다. 곧 머나먼 겁으로부터 내려오면서 생사의 물결에 빠져 육도(六道)를 윤회하며 잠시의 쉴틈도 없이 갖은 고초를 받다가, 지장보살의 넓고 큰 자비와 깊은 서원력에 의지하여 제각기 도과(道果)를 얻은 무리들이었다.

그들은 도리천궁에 이르러 아주 기쁜 마음으로 여래를 우러러보며 잠시도 눈을 떼지 않았다.

그때 세존께서 금빛 팔을 들어, 가히 생각할 수도 헤아릴 수도 없고 말로 다 할 수도 없는 백천만억 무량아승지세계의 모든 지장보살 분신들의 정수리를 어루만지시며 이르셨다.

"나는 오탁악세에서 억세고 거친 중생들

을 교화하고 그들의 마음을 바로잡아 삿된 것을 버리고 바른길로 돌아오게 하였느니라. 그러나 그 중 열에 한두 명은 아직도 나쁜 버릇에 빠져 있느니라.

그러므로 나는 백천만억의 분신을 나타내어 널리 방편을 베풀어 교화하나니, 근기가 뛰어난 이는 법을 듣는 즉시 믿어 받아들이고, 좋은 과보를 받고 있는 이는 거듭거듭 권하면 바른 법을 받아들이느니라. 그러나 어둡고 둔한 이는 오래도록 교화하여야 비로소 귀의하고, 업이 무거운 이는 공경하는 마음조차 내지 않느니라.

이렇듯 중생의 무리는 각기 차이가 있기 때문에 여러 가지 모습의 분신을 나타내어 그들을 제도하느니라. 때로는 남자, 때로는 여자의 몸을 나타내기도 하고, 때로는 천·

용·귀신의 몸을 나타내기도 하며, 산·숲·내·강·못·샘·우물의 모습을 나타내어 사람들을 이롭게 하고 제도하며, 때로는 제석천왕·범천왕·전륜왕의 몸이나 거사·국왕·재상·관리의 몸을 나타내거나, 비구·비구니·우바새·우바이의 몸이나 성문·아라한·벽지불·보살의 몸을 나타내어 교화하고 제도하나니, 단지 부처의 몸만을 나타내는 것이 아니니라.

나는 여러 겁을 두고 부지런히 노력하여, 억세고 거친 죄업 때문에 고통을 받고 있는 죄고중생(罪苦衆生)들을 제도하였느니라. 그러나 아직도 나쁜 마음을 다스리지 못하여, 죄업의 과보 때문에 악도에 떨어져서 크게 괴로워하는 중생들이 있느니라.

그대는 마땅히 내가 이 도리천궁에서 간

절히 부촉한 것을 생각하여, 사바세계에 미^彌륵불[勒佛]이 올 때까지 중생들이 고통에서 벗어날 수 있도록 하고, 장차 미륵불을 만나뵙고 수기를 받을 수 있게 할지니라."

그때 모든 세계에서 모여든 지장보살의 분신들이 다시 한 몸을 이루어 애절한 마음으로 눈물을 흘리면서 부처님께 아뢰었다.

"세존이시여, 저는 아득히 먼 겁〔久遠劫〕으로부터 부처님의 인도를 받아 가히 생각할 수 없는 신통력과 대지혜를 갖추었사옵니다.

저는 저의 분신으로 하여금 백천만억 항하의 모래알 같이 많은 세계마다 백천만억의 몸을 나투어, 한 분신이 백천만억 사람을 제도하고 삼보에 귀의하게 하여 영원히 생사의 고통을 여의고 열반의 기쁨에 이르도록 하겠나이다. 그리고 불법 속에서 털끝 하나·물 한방울·모래 한 알·티끌 하나만큼이라도 착한 일을 하게 되면, 제가 점차 교화하고 제도하여 큰 이익을 얻도록 하겠나이다.

세존이시여, 오직 바라옵건대 후세의 악업중생에 대해서는 염려를 마옵소서.

세존이시여, 오직 바라옵건대 후세의 악업중생에 대해서는 염려를 마옵소서.

세존이시여, 오직 바라옵건대 후세의 악업중생에 대해서는 염려를 마옵소서."

이와 같이 부처님께 세 번을 말씀드리자, 부처님께서 지장보살을 찬탄하셨다.

"장하고 장하도다. 내 이제 그대로 하여금 기쁨을 더하게 하리니, 그대는 능히 아득히 먼 겁으로부터 세운 큰 서원을 성취하여 널리 중생을 제도한 연후에, 위없는 깨달음을 증득하게 되느니라."

第三 觀衆生業緣品
제3 관중생업연품
중생들의 업연을 관찰함

그때 부처님의 어머니이신 마야부인(摩耶夫人)이 공손히 합장하고 지장보살께 여쭈었다.

"성자시여, 염부제의 중생이 짓는 갖가지 업과 그에 따라 받는 지옥의 과보는 어떠합니까?"

지장보살이 답하셨다.

"천만세계의 모든 국토에 지옥이 있기도 하고 없기도 하며, 여인이 있기도 하고 없기도 하며, 불법이 있기도 하고 없기도 하며, 성문과 벽지불이 있기도 하고 없기도 하듯,

지옥의 죄보(罪報)도 한 가지만 있는 것은 아닙니다."

마야부인이 다시 지장보살께 여쭈었다.

"바라옵건대 염부제에서 지은 큰 죄업으로 인하여 나쁜 곳에 떨어져 과보를 받는 것에 대하여 듣고자 하옵니다."

"성모(聖母)시여, 잘 들으소서. 제가 대강 말씀 드리겠습니다."

"성자시여, 말씀하여 주옵소서."

"염부제에서 지은 큰 죄로 받게 되는 과보는 대강 이러합니다.

어떤 중생이 부모에게 불효하고 살해까지 한다면, 당연히 무간지옥에 떨어져 천만억 겁이 지나도 벗어날 기약이 없게 됩니다.

어떤 중생이 부처님의 몸에 피를 내거나 삼보를 비방하고 경전을 공경하지 아니한다면, 이 또한 마땅히 무간지옥에 떨어져 천만억 겁이 지나도 벗어날 기약이 없게 됩니다.

어떤 중생이 사찰의 재물을 훔치거나 손해를 끼치고 비구·비구니를 더럽히며, 절 안에서 함부로 음행을 하거나 생명을 죽이고 해치면, 이러한 무리도 당연히 무간지옥에 떨어져 천만억 겁이 지나도 벗어날 기약이 없습니다.

어떤 중생이 마음은 사문이 아니면서 거짓 사문이 되어, 절의 재물을 함부로 사용하고 신도를 속이고 계율을 어기고 갖가지 나쁜 죄를 지으면, 이러한 무리도 마땅히 무간지옥에 떨어져 천만억 겁이 지나도 벗어날 기약이 없습니다.

어떤 중생이 재물·곡식·음식·옷 등 승가의 물건 가운데 단 한 가지라도 주지 않은 것을 취하면, 이러한 무리도 당연히 무간지옥에 떨어져 천만억 겁이 지나도 벗어날 기약이 없게 됩니다.

성모시여, 어떤 중생이라도 다섯 가지 무^無간죄^{間罪}를 지으면 마땅히 오무간지옥^{五無間地獄}에 떨어져, 잠깐 고통을 쉬고자 하여도 쉴 수가 없습니다."

마야부인이 거듭 지장보살께 여쭈었다.

"무간지옥은 어떠한 곳입니까?"

"성모시여, 모든 지옥은 대철위산 안에 있습니다. 그 가운데 대지옥이 열여덟 곳이 있으며, 그 다음의 지옥이 또 오백 곳이 있어 이름이 각각 다르며, 또 그 다음의 지옥이 천백^{千百}이나 있는데 역시 이름이 각각 다릅니다.

무간지옥은 순전히 쇠로 만들어졌는데,

성의 둘레는 8만 리나 되고 높이는 1만 리나 됩니다. 성 위에는 불무더기가 빈틈없이 타오르고 있으며, 성 안은 다른 지옥들과 서로 이어져 있는데, 그 지옥들의 이름도 각각 다릅니다.

그 가운데 더욱 특별한 무간지옥이 있으니, 둘레는 1만8천 리요, 담장의 높이는 1천 리이며, 위의 불은 밑으로 타 내려오고 밑의 불은 위로 숯구치며, 쇠로 된 뱀과 쇠로 된 개가 불을 뿜으면서 담장 위를 동서로 쫓아다닙니다.

그 내부에는 넓이가 1만 리나 되는 큰 평상이 있습니다. 그곳에서는 한 사람이 벌을 받아도 그 몸이 평상 위에 가득 차고, 천만 사람이 벌을 받을 때도 또한 각자의 몸이 평상에 가득 차는 것을 보게 되니, 모든 죄인은 죄업의 과보로 인하여 온갖 고통을 두루 갖추어 받게 됩니다.

그곳의 백천 야차와 악귀_{惡鬼}들은 칼날 같은 이빨과 번개 같은 눈빛과 구리쇠 손톱을 가지고 있습니다. 그들은 죄인을 끌고다니며 창자를 빼내어 토막을 쳐 자르기도 하고, 큰 쇠창으로 죄인의 몸을 찌르거나 입과 코를 찌르며, 혹은 배로부터 등까지를 꿰뚫어 공중에 던졌다가 도로 받아 평상 위에 놓기도 합니다.

그리고 쇠로 된 매는 죄인의 눈을 쪼아 먹고, 쇠로 된 뱀은 죄인의 목을 감아 조입니다. 온몸 마디마디마다 긴 못을 내리박고, 혀를 뽑아내어 쟁기로 갈며, 구리쇳물을 입에 붓기도 하고, 뜨거운 철사로 몸을 감는 등 만 번 죽였다가 만 번 살렸다가 합니다.

죄업으로 받는 과보가 이와 같지만, 억겁을 지낼지라도 벗어날 기약이 없습니다.

그러다가 이 세계가 무너질 때는 다른 세계로 옮겨가서 태어나고, 그 세계가 무너지면 또 다른 세계로 자꾸자꾸 옮겨가다가, 이 세계가 다시 이루어지면 이 세계로 돌아오게 됩니다. 무간지옥의 죄보는 그 내용이 이와 같습니다.

또 업으로 인해 느끼게 되는 업감(業感)에 다섯 가지가 있어 오무간(五無間)이라 이름하는데, 그 다섯 가지는 다음과 같습니다.

첫째, 여러 겁을 지낼지라도 밤낮으로 고초를 받음이 잠깐 동안도 끊일 사이가 없기 때문에 무간이라 하며,

둘째, 한 사람만으로도 가득 차고 많은 사람이 있어도 가득 차기 때문에 무간이라 하

며,

셋째, 형벌을 다루는 기구로 쇠로 된 방망이·매·뱀·늑대·개·맷돌·톱·도끼와 가마솥에서 끓는 물, 쇠그물·쇠사슬·쇠나귀·쇠말 등이 있는데, 생가죽으로 목을 조르고 뜨거운 쇳물을 몸에 부으며, 배가 고프면 쇠 구슬을 삼키게 하고 목이 마르면 쇳물을 마시게 하기를, 해가 다하고 겁이 다하여 한량없는 나유타 겁이 지나도록 끊일 사이 없이 고통을 연달아 받아야 하기 때문에 무간이라 하며,

넷째, 남자와 여자, 중앙에서 태어난 이와 변방에서 태어난 이, 늙은이와 어린이, 귀한 이와 천한 이, 천·용·신·귀신 할 것 없이 죄를 지으면 과보를 받는 것이 누구나 똑같기 때문에 무간이라 하며,

다섯째, 이 지옥에 처음 들어갔을 때부터 백천 겁에 이르도록 하루에 만 번씩 죽고 만 번씩 살아나되, 그 사이에 단 한 순간만 쉬고자 하여도 쉴 수가 없습니다. 오직 업이 다해야 비로소 다른 곳에 나게 되는 것을 제외하고는 생사가 끊임없이 이어지기 때문에 무간이라고 하는 것입니다.

　　성모시여, 무간지옥에 대한 것을 대강 말하자면 이와 같으며, 만일 지옥의 형벌을 다루는 기구 등의 이름과 그 모든 고통을 상세히 말하자면 한 겁 동안이라도 다 말할 수 없습니다."

　　마야부인은 이 말을 듣고 근심어린 얼굴로 합장 정례하며 물러났다.

第四 閻浮衆生業感品
제4 염부중생업감품
염부제 중생이 받는 업보

그때 지장보살마하살이 부처님께 아뢰었다.

"세존이시여, 저는 부처님의 위신력으로 백천만억의 세계에 수많은 분신을 나타내어 모든 업보중생을 제도하고 있나이다. 만일 부처님의 대자비 위신력이 아니라면 능히 수많은 분신을 나타내지 못할 것이옵니다. 제가 이제 부처님의 부촉하심을 받아, 阿逸多
아일다(미륵보살의 다른 이름)께서 성불하실 때까지 육도중생을 해탈케 하오리니, 바라옵건대 세존께서는 염려하지 마옵소서."

부처님께서 지장보살에게 이르셨다.

"모든 중생이 해탈을 얻지 못하는 것은, 마음가짐이 한결같지 못하여 악한 습관과 착한 습관으로 업(業)을 짓기 때문이니라. 그리하여 나쁜 과보도 받고 좋은 과보도 받으면서 잠시도 쉴 사이가 없이 육도(六道)를 윤회하느니라.

티끌 수와 같이 많은 겁이 지나도록 미혹하여 장애와 액난을 받는 것이 마치 물고기가 그물 안에 있으면서도 흐르는 물 속에 있는 줄로만 아는 것과 같나니, 벗어났다가는 들어가고 잠시 나왔다가는 또다시 장애와 액난의 그물에 걸리고 마느니라.

내 이러한 무리들을 근심하고 염려하였더니, 그대가 아득한 옛날에 세웠던 서원을 수많은 겁을 내려오면서 거듭거듭 발하여, '죄업 중생의 무리를 모두 제도하리라' 하는구나. 내 다시 무엇을 염려하리오."

그때 법회에 참석하고 있던 정자재왕보
살마하살이 부처님께 아뢰었다.

"세존이시여, 지장보살이 수많은 겁 동안
어떠한 서원을 발하였기에 지금 세존께서
찬탄을 아끼지 않으시나이까? 바라옵건대
세존이시여, 간략히 말씀하여 주옵소서."

세존께서 정자재왕보살에게 이르셨다.

"자세히 듣고 자세히 들어라. 그리고 잘
생각할지니라. 내 그대를 위해 분별하여 설
명하리라.

지나간 과거 한량없는 아승지 나유타 불
가설 겁 전에 한 부처님이 계셨으니, 명호는

일체지성취여래·응공·정변지·명행족·선
서·세간해·무상사·조어장부·천인사·불
세존이시며, 수명은 6만 겁이었느니라.

그 부처님은 출가하시기 전에 작은 나라
의 왕이었는데, 이웃나라의 왕과 벗이 되어
함께 십선업을 행하며 중생들을 이롭게 하
였느니라. 특히 인접국의 백성들이 악을 많
이 지었으므로, 두 왕은 의논하여 여러 가지
방편을 베풀었느니라.

그때 한 왕은 발원하기를 '빨리 불도를
이루어 이 중생들을 남김없이 제도하리라'
하였고, 다른 왕은 발원하기를 '이 죄많고
고통받는 중생들을 제도하되, 그들이 안락
을 얻지 못하거나 보리도를 이루지 못하면
나는 끝내 성불하기를 원치 않노라'고 하였
느니라.

속히 성불하기를 발원한 왕은 일체지성취여래요, '죄많고 고통받는 중생을 모두 제도하지 아니하면 끝내 성불하기를 원하지 않는다고 발원한 왕은 지장보살이니라."

   부처님께서 다시 정자재왕보살에게 이르셨다.

   "과거 한량없는 아승지겁 전에 한 부처님이 계셨으니, 명호는 청정연화목여래요 수명은 40겁이었느니라.

   그 부처님의 상법시대에 한 나한이 중생을 복으로써 제도하고 있었느니라. 나한은 중생을 근기에 따라 차례로 교화하다가 광목이라는 여인을 만나게 되었으며, 광목이 음식을 만들어 공양을 올리자 나한이 물었느니라.

   '소원이 무엇이오?'

'어머니께서 돌아가신 날 복을 지어 어머니를 천도하고 싶지만, 어머니께서 어느 곳에 나셨는지를 알지 못하옵니다.'

이를 가엾이 여긴 나한이 선정에 들어 관찰하여 보니, 광목의 어머니가 악도에 떨어져 큰 고통을 받고 있는 것이 보였으므로 광목에게 물었느니라.

'그대의 어머니는 살아 계실 때 어떤 죄업을 지었기에 지금 악도에서 저토록 큰 고통을 받고 있는 것인고?'

'저의 어머니는 평소에 물고기와 자라 등을 즐겨 잡수셨습니다. 특히 새끼들을 많이 드셨는데, 볶고 지지고 하여 한껏 먹었습니다. 아마 죽은 생명의 수가 천만의 배는 더 될 듯하옵니다. 존자시여, 자비로써 불쌍히 여겨 어머니를 구할 수 있는 방법을 가르쳐

주옵소서.'

　이를 불쌍히 여긴 나한은 방편을 지어 광목에게 권하였느니라.

　'그대는 지극한 정성으로 청정연화목여래를 생각하라. 그리고 여래의 존상을 만들거나 그려서 모시도록 하라. 그렇게 하면 산 사람도 죽은 사람도 모두 좋은 과보를 얻을 것이다.'

　광목은 이 말을 듣고 아끼던 물건들을 팔아 부처님의 존상을 그려 모시고 공양을 올린 다음, 공경하는 마음으로 슬피 울면서 예배를 드렸더니라. 그러다가 문득 새벽녘 꿈에 금빛이 찬란하기가 마치 수미산과 같은 부처님이 모습을 나타내어 큰 광명을 놓으시며 광목에게 말씀하셨느니라.

　'어머니는 오래지 않아 너의 집에 태어나

게 되리라. 그리고 배 고프고 추운 것을 알 때쯤이면 곧 말을 하게 되리라.'

그 뒤 광목의 집에 있는 한 종이 자식을 낳았는데, 채 사흘이 못되어 머리를 숙여 슬피 울면서 광목에게 말을 하였더니라.

'생사의 업연으로 무서운 과보를 받아 오래도록 컴컴하고 어두운 곳에 있었구나. 광목아, 내가 바로 네 엄마다. 너와 헤어진 후로 여러 차례 대지옥을 옮겨다니며 숱한 고초를 겪었단다. 지금 너의 복력(福力) 덕분에 다시 사람의 몸을 받았지만 이렇게 하천한 사람으로 태어났고, 수명이 짧아 열세 살이 되면 다시 악도(惡道)에 떨어지게 되어 있으니, 어떻게 하든지 나를 이 고통에서 벗어나게 해다오.'

이 말을 들은 광목은 종의 자식이 어머니

의 후신임을 확신하고 목메어 슬피 울며 물었느니라.

'우리 어머니가 틀림없다면 본래 지은 죄업이 무엇인지를 아실 것입니다. 어떤 죄업을 지었기에 악도에 떨어졌습니까?'

'산 목숨을 많이 죽이고 불법을 헐뜯고 비방한 두 가지 죄업으로 과보를 받았다. 네가 복을 지어 구제하여 주지 않았다면 이 업보에서 도저히 벗어날 수 없었을 것이다.'

'죄업으로 인해 지옥에서 받은 고통은 어떠한 것이었습니까?'

'그 고통은 백천 년을 두고 말할지라도 다 할 수가 없다.'

그 말을 들은 광목은 통곡을 하며 슬피 울다가 허공을 향해 말하였느니라.

'원하옵건대 저의 어머니가 지옥으로부

터 영원히 벗어날 수 있도록 하여 주옵소서. 그리고 인간세상에서 열세 살의 수명을 마친 다음에도, 다시는 무거운 죄로 인하여 나쁜 곳에 떨어지지 않게 하여 주옵소서. 시방의 모든 부처님이시여, 자비로써 어여삐 여겨 제가 어머니를 위하여 발하는 이 광대한 서원을 들어주옵소서.

저의 어머니가 영원히 삼악도와 인간세상에서의 비천한 과보를 받지 않게 되고 여인의 몸까지도 영겁토록 받지 않게 된다면, 청정연화목여래께 맹세하겠나이다.

이제부터 백천만억 겁 동안 모든 세계에 있는 지옥과 삼악도에서 고통받고 있는 중생들을 맹세코 제도하여, 그들로 하여금 지옥·아귀·축생의 몸을 벗어나게 하겠나이다. 그리고 죄업의 과보를 받는 모든 이들이

다 성불하고 난 연후에, 비로소 저는 정각^{正覺}을
이루겠나이다.'

이렇게 서원을 발하고 나자 청정연화목
여래의 말씀이 들려왔느니라.

'장하다, 광목아. 네가 큰 자비심으로 어
머니를 위해 이토록 큰 서원을 발하였구나.
그 공덕으로 너의 어머니는 열세 살로 이 업
보의 몸을 버린 다음 바라문으로 태어나 백
세의 수명을 누릴 것이다. 그리고 그 업보가
다한 뒤에는 무우국토^{無憂國土}에 태어나 헤아릴 수
없는 수명을 누리다가 불과^{佛果}를 이루어, 항하
의 모래알만큼이나 많은 인간과 천인들을
제도하리라'고 하셨느니라."

부처님께서 정자재왕보살에게 이르셨다.
"그때 나한의 몸으로 광목을 제도한 이는
무진의보살^{無盡意菩薩}이요, 광목의 어머니는 해탈보살^{解脫菩薩}

이며, 광목은 지금의 지장보살이니라.

지장보살은 과거 아득히 먼 겁부터 이와 같이 중생을 사랑하고 불쌍히 여겨, 항하의 모래알만큼이나 많은 서원을 세웠으며 널리 중생을 제도하여 왔느니라.

미래세의 남자나 여자 중에 선을 행하지 않고 악을 행하는 자, 인과를 믿지 않고, 사음을 행하고, 거짓말〔妄語〕과 이간질〔兩舌〕과 나쁜 말〔惡口〕을 하고, 대승을 비방하는 등의 죄업을 짓는 중생들은 반드시 나쁜 곳에 떨어지느니라. 그러나 만일 선지식을 만나 그의 권유로 손가락 한 번 튕길 동안만이라도 지장보살에게 귀의한다면, 이 중생들은 삼악도의 죄보〔罪報〕에서 벗어나게 되느니라.

그리고 지장보살에게 지극한 마음으로 귀의하고 공경하고 예배하고 찬탄하면서,

향·꽃·옷과 진귀한 보배와 좋은 음식으로 공양을 올리는 이는 미래의 백천만억 겁 동안 항상 천상에 태어나 아주 뛰어난 즐거움을 누리게 되며, 천상의 복이 다하여 다시 인간세계로 내려오더라도 백천 겁을 항상 제왕이 되어, 능히 전생과 모든 인과의 시작과 끝을 다 기억하게 되느니라.

정자재왕보살이여, 이와 같이 지장보살에게는 불가사의한 대위신력이 있어 널리 중생을 이롭게 하나니, 모든 보살들은 마땅히 이 경전을 잘 기억하여 널리 유포시킬지니라."

정자재왕보살이 부처님께 아뢰었다.

"세존이시여, 염려하지 마옵소서. 저희들 천만억 보살마하살은 반드시 부처님의 위신력을 이어받아, 이 경전을 널리 펴서 저 염부제 중생들을 이롭게 하겠나이다."

정자재왕보살은 세존께 말씀드리고 나서 합장하여 공손히 절을 하고 물러났다.

그때 사천왕(四天王)이 함께 자리에서 일어나 합장하고 공손히 부처님께 아뢰었다.

"세존이시여, 지장보살이 아득히 먼 옛 겁에 그와 같은 큰 원을 발하셨거늘, 어찌하여 지금에 이르도록 중생들을 다 제도하지 못하고 거듭거듭 광대한 원을 발하나이까? 바라옵건대 세존께서는 저희를 위하여 말씀하여 주옵소서."

"착하고 착하도다, 사천왕이여. 내 이제 그대들과 현재 미래의 천인과 인간들을 이익되게 하기 위해, 지장보살이 사바세계 염부제의 나고 죽는 길 속으로 들어가 자비로

써 고통받는 모든 중생을 구원하고 해탈케
하는 방편을 말해주리라."

"세존이시여, 즐거이 듣고자 하나이다."

부처님께서 사천왕에게 이르셨다.

"지장보살이 아득히 먼 옛겁부터 오늘에
이르도록 중생들을 제도하였지만 아직까지
원을 다 마치지 못하고 거듭거듭 원을 세우
고 있는 것은, 미래의 한량없는 겁까지 중생
들의 업연이 이어져 죄업이 끊어지지 않는
것을 관하였기 때문이니라. 그러므로 자비
심으로 거듭거듭 원을 발하여 사바세계의
염부제 중생들에게 백천만억 방편을 베풀어
제도하는 것이니라.

사천왕이여, 지장보살은

· 산 목숨을 죽이는 자를 만나면 태어날 때
  마다 재앙이 있고 단명하는 과보가 따르

는 것을 말해주며

· 도둑질하는 자를 만나면 빈궁하여 고통받는 과보를 말해주며

· 사음하는 자를 만나면 비둘기·오리·원앙새로 태어나는 과보를 말해주며

· 악담하는 자를 만나면 친족간에 서로 다투는 과보를 말해주며

· 남을 헐뜯는 자를 만나면 혀가 없거나 입에 부스럼이 생기는 과보를 말해주며

· 성을 잘내는 자를 만나면 얼굴에 더럽고 추악한 풍창이 생기는 과보를 말해주며

· 탐내고 인색한 자를 만나면 구하는 것들을 뜻대로 얻지 못하는 과보를 말해주며

· 음식을 절도없이 먹는 자를 만나면 배 고프고 목 마르고 목병이 생기는 과보를 말해주며

· 사냥을 즐기는 자를 만나면 놀라 미쳐서 목숨을 잃어버리는 과보를 말해주며

· 부모의 뜻을 어기고 행패를 부리는 자를 만나면 천재지변으로 졸지에 죽는 과보를 말해주며

· 산이나 숲에 불을 지르는 자를 만나면 미쳐서 헤매다가 죽는 과보를 말해주며

· 부모에게 악독하게 하는 자를 만나면 내생에 태어나 매를 맞는 과보를 말해주며

· 그물로 동물의 새끼를 잡는 자를 만나면 가족들과 이별하는 과보를 말해주며

· 삼보를 헐뜯고 비방하는 자를 만나면 눈 멀고 귀 먹고 벙어리가 되는 과보를 말해주며

· 부처님의 법을 가볍게 여기고 가르침을 업신여기는 자를 만나면 영원히 악도(惡道)에

떨어지는 과보를 말해주며

· 절의 물건을 파괴하거나 함부로 쓰는 자를 만나면 억겁을 지옥에서 맴도는 과보를 말해주며

· 청정한 행을 더럽히고 스님을 속이는 자를 만나면 오래도록 축생을 면하지 못하는 과보를 말해주며

· 끓는 물·타는 불·도끼·낫 등으로 남을 해치거나 다치게 하는 자를 만나면 윤회하면서 서로 갚게 되는 과보를 말해주며

· 계율을 지키지 않고 재계(齋戒)를 범하는 자를 만나면 새와 짐승이 되어 굶주리는 과보를 말해주며

· 재물을 옳지 않게 쓰는 자를 만나면 구하는 바가 막혀 더 이상 생기지 않는 과보를 말해주며

· 아만심이 높은 자를 만나면 남에게 부림을 당하는 천한 몸이 되는 과보를 말해주며

· 이간질을 하여 서로를 다투게 하는 자를 만나면 혀가 없거나 혀가 백이나 되는 과보를 말해주며

· 삿된 소견을 가진 자를 만나면 야만족으로 태어나는 과보를 말해주느니라.

이는 지장보살이 염부제의 중생들에게 몸과 입과 뜻으로 짓는 악업으로 인해 받게 되는 백천 가지의 과보 가운데 일부(23가지)만을 말한 것이니라. 그리고 지장보살은 염부제 중생들이 짓는 갖가지 죄업에 따라 백천 가지 방편을 베풀어 교화하느니라.

그런데도 중생들은 먼저 지은 업보로 뒤에 지옥에 떨어져서 여러 겁을 지나도록 벗

어날 기약이 없나니, 그대들은 사람을 보호하고 나라를 보호하여 그들이 업으로 말미암아 미혹에 빠지는 일이 없도록 할지니라."

사천왕은 부처님의 이 말씀을 듣고, 눈물을 흘리며 슬피 탄식하다가 합장을 하고 물러났다.

第五 地獄 名 號 品
제5 지옥명호품
지옥의 이름

그때 보현보살마하살이 지장보살께 말씀
하셨다.

"인자시여, 원컨대 천·용 등의 팔부신중
과 현재와 미래의 모든 중생을 위하여, 사바
세계 염부제의 죄업중생들이 가게 되는 지
옥의 이름과 지옥의 괴로운 과보를 설하시
어, 미래세의 말법중생들이 알 수 있게 하소
서."

"인자시여, 내 이제 부처님의 위신력과
보현보살님의 힘을 입어 지옥의 이름과 죄

업의 과보에 대해 간략히 말씀드리겠습니다.

인자시여, 염부제의 동쪽에 철위산이 있습니다. 그 산은 매우 깊고 험하여 해와 달의 빛이 닿지 못하므로 어둡고 캄캄하며, 큰 지옥들이 많이 있습니다.

지옥의 이름은 극무간지옥(極無間地獄)·대아비지옥(大阿鼻地獄)·사각지옥(四角地獄)·비도지옥(飛刀地獄)·화전지옥(火箭地獄)·협산지옥(夾山地獄)·통창지옥(通槍地獄)·철거지옥(鐵車地獄)·철상지옥(鐵床地獄)·철우지옥(鐵牛地獄)·철의지옥(鐵衣地獄)·천인지옥(千刃地獄)·철려지옥(鐵驢地獄)·양동지옥(洋銅地獄)·포주지옥(抱柱地獄)·유화지옥(流火地獄)·경설지옥(耕舌地獄)·좌수지옥(剉首地獄)·소각지옥(燒脚地獄)·담안지옥(啗眼地獄)·철환지옥(鐵丸地獄)·쟁론지옥(諍論地獄)·철수지옥(鐵銖地獄)·다진지옥(多瞋地獄) 등 입니다.

인자시여, 철위산 안에는 이와 같은 지옥의 수효가 한도 끝도 없습니다.

이밖에 또 지옥이 있으니, 규환지옥(叫喚地獄)·

발설지옥(拔舌地獄) · 분뇨지옥(糞尿地獄) · 동쇄지옥(銅鎖地獄) · 화상지옥(火象地獄) · 화구지옥(火狗地獄) · 화마지옥(火馬地獄) · 화우지옥(火牛地獄) · 화산지옥(火山地獄) · 화석지옥(火石地獄) · 화상지옥(火床地獄) · 화량지옥(火梁地獄) · 화응지옥(火鷹地獄) · 거아지옥(鉅牙地獄) · 박피지옥(剝皮地獄) · 음혈지옥(飲血地獄) · 소수지옥(燒手地獄) · 소각지옥(燒却地獄) · 도자지옥(倒刺地獄) · 화옥지옥(火屋地獄) · 철옥지옥(鐵屋地獄) · 화랑지옥(火狼地獄) 등이 있습니다.

이 지옥들 속에 또 작은 지옥들이 있는데, 하나나 둘만 있는 것도 있고 셋이나 넷인 것도 있고 백이나 천 개가 있는 것도 있으며, 그 이름 또한 제각기 다릅니다.

인자시여, 이 지옥들은 모두 염부제에서 악업을 행한 중생들이 업에 따라 과보를 받는 곳입니다. 업의 힘〔業力〕은 매우 커서 수미산을 대적하고 큰 바다보다 깊어, 능히 성스러운 도〔聖道〕를 가로막습니다. 그러므로 중생들은 조그마한 악이라 할지라도 가벼이

여겨서는 안 됩니다. 죽은 뒤에는 털끝 만한 것에도 과보가 있어서, 부모 자식과 같은 지극히 가까운 사이라도 각기 다른 길을 가게 되며, 서로가 혹 만나더라도 업보를 대신 받을 수는 없습니다. 내 이제 부처님의 위신력을 입어 지옥에서 죄 때문에 고통받는 일을 대략 말하오니, 바라건대 인자시여, 잠깐 이 말을 들으소서."

보현보살이 말씀하셨다.

"내 오래 전부터 삼악도의 과보를 알고 있었음에도 지장보살님의 말씀을 굳이 듣고자 하는 까닭은, 후세 말법시대의 악행중생(惡行衆生)들로 하여금 지장보살님의 말씀을 듣고 불법에 귀의토록 하고자 함입니다."

지장보살이 말씀하셨다.

"인자시여, 죄업 때문에 지옥에서 받는

과보는 이러합니다.

어떤 지옥은 죄인의 혀를 빼내어 소로 하여금 갈게 하며, 어떤 지옥은 죄인의 심장을 빼내어 야차(夜叉)가 먹으며, 어떤 지옥은 죄인의 몸을 끓는 가마솥에 넣어 삶으며, 어떤 지옥은 죄인에게 벌겋게 달군 구리쇠 기둥을 안게 하며, 어떤 지옥은 맹렬한 불덩이로 죄인을 불사릅니다. 또 어떤 지옥은 온통 찬 얼음뿐이며, 어떤 지옥은 끝없이 똥오줌뿐이며, 어떤 지옥은 빈틈없이 화살이 나르며, 어떤 지옥은 많은 불창으로 찌르며, 어떤 지옥은 가슴과 등을 치고 때리며, 어떤 지옥은 손과 발을 태우며, 어떤 지옥은 쇠뱀이 몸을 감으며, 어떤 지옥은 무쇠개에게 쫓기며, 어떤 지옥은 무쇠나귀에게 끌려다닙니다.

인자시여, 이러한 죄보를 받는 지옥에는

각각 백천 가지의 형벌도구들이 있는데, 모두가 구리·쇠·돌·불로 된 것들이며, 이 네 종류의 도구도 죄업의 과보로 인해 생겨난 것들입니다.

지옥에서 받는 고통을 자세히 말씀드리고 싶지만, 한 지옥에서 받는 것만 하여도 백천 가지에 이르거늘, 수많은 지옥의 고통을 어찌 말로 다할 수 있겠습니까?

내 이제 부처님의 위신력과 보현보살님의 질문을 받들어 대략 말씀드린 것이 이와 같습니다. 더 자세히 설명하고자 하면 겁이 다하여도 마치지 못할 것입니다."

第六 如來讚歎品
제6 여래찬탄품
여래께서 찬탄하심

　그때 세존께서 온몸으로 큰 빛을 놓아 백천억 항하의 모래알만큼 많은 모든 부처님의 세계를 두루 비추시고, 큰 소리로 모든 부처님세계의 보살마하살과 천·용·귀신, 그리고 사람과 사람 아닌 무리〔人非人〕들에게 이르셨다.

　"들으라. 내 이제 지장보살마하살이 시방세계에서 가히 생각할 수 없는 대자비의 위신력을 나타내어, 죄업 때문에 고통받는 중생들을 구제하는 일에 대해 칭찬하고 찬탄하노라. 내가 멸도한 뒤, 너희 보살마하살과 천·용·귀신들은 널리 방편을 베풀어 이 경전을 지킬 것이며, 온갖 중생들로 하여금 모든 괴로움에서 벗어나 열반의 즐거움을 얻게 하라."

그때 법회에 참석한 이들 가운데 보광보살(普廣菩薩)이 합장 공경하며 부처님께 아뢰었다.

"지금 세존께서는 지장보살의 불가사의한 대위신력에 대해 찬탄을 하셨나이다. 세존이시여, 바라옵건대 미래 말법시대 중생을 위하여, 지장보살께서 인간과 천인을 이익되게 하는 복덕에 대해 다시금 말씀하여 주옵소서. 그리하여 천·용 등의 팔부신중과 미래세의 중생들로 하여금 부처님의 말씀을 받아 지니게 하옵소서."

그때 세존께서 보광보살과 사부대중들에

게 이르셨다.

"자세히 듣고 자세히 들으라. 내 마땅히 너희를 위해 지장보살이 인간과 천인들을 이익되게 하는 복덕에 대해 간략히 말하리라."

"세존이시여, 즐거이 듣겠나이다."

"미래세의 선남자 선여인 중에서 이 지장보살마하살의 명호를 듣는 이, 존상에 합장을 하는 이, 찬탄을 하는 이, 예배를 하는 이, 생각하고 사모하는 이 등은 30겁 동안 지은 죄업을 벗어나게 되느니라.

보광보살이여, 어떤 선남자 선여인이 지장보살의 존상을 그리거나, 흙과 돌로 만들어 색을 칠하거나, 금·은·구리·철 등으로 존상을 만들어 한 번이라도 우러러 예배하는 자는 백 번을 거듭 삼십삼천에 태어나 길이 악도에 떨어지지 아니하며, 비록 천상의 복이 다하여 인간으로 태어날지라도 국왕이 되는 등의 큰 이익을 얻게 되느니라.

또 어떤 여인이 여자의 몸을 싫어하여, 정성을 다해 지장보살의 존상을 그리거나, 흙과 돌로 만들어 칠을 하거나, 금·은·구리·철 등으로 존상을 만들어, 날마다 꽃·향·옷·음식·비단·깃발·돈·보물 등으로 정성껏 공양하면, 이 선여인은 현재 받은 여인의 몸이 다한 다음 백천만 겁이 지나도록 다시는 여인이 있는 세계에 나지 않게 되거늘, 어찌 다시 여자의 몸을 받겠느냐.

다만 자비원력(慈悲願力)으로 중생을 제도하기 위해 스스로 여자의 몸을 받는 것을 제외하고는, 이 지장보살을 공양한 힘과 지장보살의 공덕을 입는 까닭으로 백천만 겁 동안 다시는 여자의 몸을 받지 않게 되느니라.

또 보광보살이여, 추하고 병이 많은 여인이 자신의 모습을 싫어하여 지장보살의 존상 앞에서 밥 한 끼를 먹는 동안만이라도 지극한 마음으로 우러러 예배하면, 이 사람은 천만 겁 동안 원만한 상호를 갖추고 태어나며, 어떠한 질병에도 걸리지 않게 되느니라.

또 이 추한 여인이 여자의 몸을 싫어하지 않는다면, 백천만억 겁을 항상 왕녀나 왕비가 되거나, 재상이나 명문 집안이나 큰 장자의 딸이 되어 단정하게 태어나고 상호 또한 원만하나니, 지극한 마음으로 지장보살을 우러러 예배하면 이와 같은 복을 얻게 되느니라.

보광보살이여, 어떤 선남자 선여인이 지장보살의 존상 앞에서 악기를 연주하거나 노래를 불러 찬탄하고, 향과 꽃으로 공양하고, 또 이를 다른 이에게 권하면, 현세와 미래세에 항상 여러 신들이 밤낮없이 이 사람을 수호하여 악한 일들이 귀에 들리지도 않게 할 것인데, 어찌 여러 횡액을 직접 받게 하겠느냐.

또 보광보살이여, 미래세의 선남자 선여인이 지장보살의 존상에 귀의하여 공경하고 공양하고 찬탄하고 예배하는 것을 보고, 악인(惡人)·악신(惡神)·악귀(惡鬼) 등이 망령되이 꾸짖고 헐뜯거나, 공덕과 이익이 없다고 비방하거나, 비웃고 그르다고 하거나, 다른 사람에게 말하여 함께 그르다고 하거나, 여러 사람들에게 말하여 여럿이서 그르다고 하는 등, 한 생각만이라도 꾸짖고 훼방하는 마음을 낸다면, 그들은 훼방한 죄로 아비지옥에 떨어져 현(賢)

겁의 천불이 모두 열반에 드신 뒤까지도 매우 무거운 과보를 받을 것이니라.

그리고 이 겁을 다 지내고 나서는 다시 아귀보를 받게 되며, 또 천 겁이 지나면 다시 축생보를 받게 되며, 또 천 겁을 지나고서야 비로소 사람의 몸을 받게 되느니라. 하지만 사람 몸을 받아도 가난하고 천하고 불구의 몸이 되며, 많은 악업이 그의 몸에 맺혀 있어 또다시 악도에 떨어지게 되느니라.

보광보살이여, 다른 사람이 지장보살에게 공양하는 것을 비방하고 헐뜯기만 하여도 이러한 죄보를 받거늘, 하물며 나쁜 소견을 내어 직접 훼방하고 파괴함이야 말해 무엇하겠느냐.

보광보살이여, 미래세의 어떤 남자나 여인 가운데, 오랫동안 병상에 누워 살고자 하

84

여도 죽고자 하여도 마음대로 되지 않는 상태에 있거나, 꿈에 악귀가 나타나 집안과 친족들을 침범하고 험악한 길을 헤매게 하거나, 도깨비들이나 귀신과 함께 놀기도 하면서, 날이 가고 달이 갈수록 몸이 점점 쇠약해지고 잠을 자다가도 처참하게 소리치며 괴로워하는 이가 있느니라.

이 사람은 업도(業道)에서 죄업의 가볍고 무거움을 정하지 못하여 목숨을 버리지도 못하고 병이 나을 수도 없게 된 것이니, 보통사람의 속된 눈으로는 도저히 알 수가 없느니라.

이러한 때는 마땅히 불보살님의 존상 앞에서 이 경전을 소리높여 한 번이라도 읽고, 옷·보배·장원(莊園)·집 등 무엇이든 그 병자가 아끼는 것을 놓고 병자 앞에서 분명히 말해야 하느니라.

'저희 아무개 등은 아픈 사람을 위하여 경전과 불보살상 앞에 이 물건들을 올려 공양합니다. 이것으로 경전을 만들거나 불보살님의 존상을 조성하거나, 탑과 절을 만들거나, 등을 밝히거나, 부처님의 도량에 보시하겠습니다.'

이렇게 세 번을 말하여 아픈 사람이 알아듣도록 하라.

만일 아픈 사람의 모든 의식이 흩어지고 숨기운이 다하였을지라도 하루 이틀 사흘에서 칠일에 이르도록, 높은 소리로 이 일을 말하고 이 경전을 읽어주면, 이 사람은 목숨이 다한 다음에 숙세의 허물과 무거운 죄로 인하여 오무간지옥에 떨어지게 되었더라도 영원히 해탈을 얻게 되며, 태어날 때마다 자기의 숙명^{宿命}을 알게 되느니라.

하물며 선남자 선여인이 스스로 이 경전을 쓰거나, 다른 사람으로 하여금 쓰게 하거나, 스스로 보살의 존상을 그리고 만들거나, 남에게 권유하여 그리고 만들도록 하면, 그 공덕으로 반드시 큰 이익을 얻게 되느니라.

그러므로 보광보살이여, 어떤 사람이 이 경전을 독송하거나 한 생각만이라도 이 경전을 찬탄하고 공경하는 사람을 보거든, 그대는 마땅히 백천 가지 방편으로 그들에게 권하여 정진하는 마음이 물러나지 않도록 하라. 그리하면 현재와 미래에 백천만억의 불가사의한 공덕을 능히 얻게 되느니라.

또한 보광보살이여, 미래세 중생들의 꿈속이나 잠결에 여러 귀신이 나타나 슬피 울면서 근심하고 탄식을 하거나 두려워하고 겁내는 모습이 보이면, 이는 일생이나 십생 $\overset{一\ 生}{}$ $\overset{十\ 生}{}$
또는 백생·천생 전의 부모나 형제·자매·
남편·아내 등의 가족들이 악도에 떨어져
나올 길을 찾지 못하고, 스스로의 복력으로
는 구원을 얻을 희망이 없으므로, 어쩔 수
없이 숙세의 가족들에게 호소하여 도움을
받아 악도에서 벗어나고자 하는 것이니라.

보광보살이여, 그대는 신통력으로 그 가
족들로 하여금, 불보살님의 존상 앞에서 지
극한 마음으로 이 경전을 읽게 하거나 다른
사람을 시켜서 읽게 하되, 그 수효를 세 번
에서 일곱 번까지 이르게 하라. 그리하면 악
도에 떨어진 부모 등의 권속들이 독경하는
소리를 듣고 해탈을 얻어 다시는 꿈속에 나
타나지 않느니라.

또 보광보살이여, 만일 미래세에 미천한

사람이나 자유를 잃은 사람이 숙세의 업보를 깨닫고 참회를 하고자 하거든, 지극한 마음으로 지장보살의 존상 앞에 우러러 예배하고 7일 동안 보살을 생각하면서 명호를 불러 만 번씩을 채울지니라. 이렇게 하면 지금의 과보가 다한 후에 천만 생 동안 항상 존귀한 몸으로 태어나며, 다시는 삼악도의 고통을 겪지 않게 되느니라.

보광보살이여, 미래세의 염부제에서 새로 남자 아기나 여자 아기가 태어났을 때, 7일 이내에 이 불가사의한 경전을 읽어주고 다시 보살의 명호를 만 번 불러주면, 비록 과거 여러 생의 허물로 인하여 죄보를 받을지라도 곧 해탈을 얻게 되며, 안락하게 잘 자라고 수명이 연장되느니라. 만일 복을 받아 태어난 아기라면 안락과 수명이 더욱 더하게 되느니라.

　보광보살이여, 미래세의 중생들은 매달 1일·8일·14일·15일·18일·23일·24일·28일·29일과 30일의 십재일(十齋日)에 모든 죄의 가볍고 무거움이 결정되느니라. 염부제 중생들의 행동과 생각 하나하나가 업이나 죄가 되지 않는 것이 없거늘, 하물며 방자한 마음으로 살생·도둑질·사음·거짓말 등의 백천 가지의 죄를 일부러 지어서야 되겠느냐.

　만일 십재일에 부처님과 보살님과 성현들의 존상 앞에서 이 경전을 한 번 읽으면, 동서남북 백유순 내에서는 모든 재앙과 고난이 없어지며, 그가 사는 집안의 어른이나 아이들은 현재 또는 미래의 백천세 동안 악도에서 벗어나게 되느니라. 또한 매달 십재

일에 이 경전을 한 번씩 읽으면, 현재의 집 안에 모든 횡액과 질병이 사라지고, 먹는 것과 입는 것이 풍족하게 되느니라.

그러므로 보광보살이여, 이와 같이 지장 보살은 백천만억의 대위신력으로 가이없는 이익을 주는 분임을 마땅히 알아야 하느니라.

염부제의 중생은 모두가 지장보살과 큰 인연이 있으니, 어떤 중생이든 지장보살의 이름을 듣거나 지장보살의 존상을 보거나, 이 경전의 몇 글자 또는 한 게송 한 구절이라도 듣는 이는 현세에서 뛰어나게 묘한 안락을 얻게 되며, 미래의 백천만 생 동안 항상 단정한 몸을 얻고 존귀한 가문에 태어나게 되느니라."

보광보살은 부처님께서 지장보살을 찬탄

하심을 듣고 무릎 꿇어 합장하고 부처님께 아뢰었다.

"세존이시여, 저는 오래 전부터 지장보살께서 지닌 불가사의한 위신력과 큰 서원력을 알았사오나, 미래 중생들을 이익되게 하고자 짐짓 부처님께 여쭈었나이다. 세존이시여, 이 경전의 이름은 무엇이라 하오며, 저희가 어떻게 유포하오리까?"

"보광보살이여, 이 경전의 이름은 세 가지이니라. 하나는 지장본원경(地藏本願經)이요, 하나는 지장본행경(地藏本行經)이며, 또 하나는 지장본서력경(地藏本誓力經)이니라.

이는 지장보살이 오랜 겁 전부터 내려오면서 큰 서원을 거듭 발하여 중생들을 이익되게 함에서 연유한 것이니라. 너희는 이 서원에 의지하여 이 경전을 널리 유포하도록 하여라."

　보광보살은 부처님의 말씀을 듣고 합장
하여 공손히 예배한 다음 물러났다.

第七　利益存亡品
제7 이익존망품
죽은 이와 산 사람을 함께 이익되게 함

　그때 지장보살마하살이 부처님께 아뢰었다.

　"세존이시여, 제가 이 염부제 중생들이 행동하고 생각을 하는 것들을 살펴보았더니 죄 아닌 것이 거의 없나이다. 더러는 착한 마음을 낼지라도 처음의 마음을 지키기가 어렵고, 나쁜 인연을 만나면 생각생각마다 나쁜 업을 더하게 되나이다. 마치 무거운 짐을 지고 진흙길을 걷는 사람이 갈수록 몸이 지치고 짐이 무거워지고 발이 깊은 수렁으로 깊이 빠져 들어가게 되는 것과 같나이다.

다행히 선지식을 만나면 짐의 일부를 짊어져 주기도 하고 전부를 짊어져 주기도 합니다. 선지식은 큰 힘이 있기 때문에 다시 그를 부축하여 힘을 내게 도와주고 인도하여, 평지에 이르러서는 반드시 지나온 나쁜 길을 살펴보게 함으로써 두 번 다시 그 길을 밟지 않게 하옵니다.

세존이시여, 악을 익힌 중생은 잠깐 사이에도 많은 악을 짓게 됩니다. 중생들에게는 이와 같은 습성이 있기 때문에, 목숨을 마치려 할 때 가족들이 마땅히 그를 위한 복을 베풀어 앞길을 열어주어야 합니다.

이때 깃발〔幡〕과 일산〔蓋〕을 걸고 등불을 밝히거나, 존귀한 경전을 읽거나, 부처님과 모든 성인의 존상 앞에 공양을 올리거나, 부처님과 보살님과 벽지불을 생각하면서 한 분 한 분의 명호를 분명히 불러 임종하는 사람의 귀에 들리게 하고 마음에 새겨지도록 해야 하나이다.

그렇게 하면 지은 악업으로 반드시 악도에 떨어지게 되어 있는 중생일지라도, 가족들이 닦아주는 성스러운 인연공덕으로 죄들이 다 소멸되옵니다.

또한 그가 죽은 뒤 49일 안에 가족들이 여러 가지 좋은 공덕을 지어 주면, 길이 악도를 벗어나 인간세상이나 천상에 태어나서 뛰어난 즐거움을 누리게 되며, 그의 가족들 또한 한량없는 이익을 받게 되옵니다.

그러므로 제가 이제 부처님을 모시고 천·용 등의 팔부신중, 사람과 사람 아닌 무리들이 함께 모인 이 자리에서 저 염부제 중생에게, 임종하는 날에는 산 목숨을 죽이거나 악한 인연 짓는 것을 삼가하고, 귀신과 도깨비들에게 제사를 지내거나 절을 하지 말 것을 권하고 있나이다. 왜냐하면 산목숨을 죽이거나 귀신에게 제사지내는 일 등은 죽은 이에게 털끝만큼의 이익도 되지 않을 뿐더러, 죄만 더욱 깊고 무겁게 할 뿐이기 때문입니다.

설혹 내생이나 현생에 성스러운 인연을 만나 인간과 천상에 태어날 수 있게 된 이라 할지라도 임종하는 날 가족들이 악한 일을 행하면, 죽은 이가 그 일에 대해 변론(辯論)을 하느라 좋은 곳에 태어나는 것이 늦어지게 되옵니다. 하물며 죽은 이가 살아생전에 조그마한 선근도 지은 적이 없으면 스스로가 지은 업에 의해 악도에 떨어지게 되어 있는데, 가족들이 업을 더 무겁게 하여서야 되겠나이까?

마치 어떤 사람이 먼 길을 가는데, 양식이 떨어진 지가 사흘째요 짊어진 짐이 백 근이 넘는데, 문득 이웃사람이 나타나 조그마한 물건이라도 더 가지고 가게 하면 괴로움이 더욱 커지는 것과 같나이다.

세존이시여, 제가 염부제 중생을 관찰하여 보았더니, 부처님의 가르침을 따라 털끝 하나·물 한 방울·모래 한 알·티끌 하나 만큼이라도 선한 일을 하게 되면, 모든 이익을 그 중생 스스로가 얻게 됨을 볼 수 있었나이다."

이와 같이 말씀하실 때, 이 법회에는 말을 아주 잘하는 대변(大辯)이라는 장자가 참석하고 있었다. 그는 오래 전에 이미 남이 없는 무^無생법^{生 法}을 얻었고, 시방세계의 중생들을 교화 제도하고자 지금은 장자의 몸을 나타내고 있는 분이었다. 대변장자는 합장 공경하고 지장보살께 여쭈었다.

"지장보살이시여, 이 염부제의 중생이 목숨을 마친 뒤에 그의 가족들이 공덕을 닦아 주거나 재를 베풀어 여러 가지 선한 인연을 지어주면, 죽은 이가 큰 이익을 얻어 해탈을 할 수 있나이까?"

지장보살이 답하였다.

"장자시여, 내 이제 부처님의 위신력을 받들어, 현재와 미래의 모든 중생을 위해 간단히 설명하오리다.

장자시여, 현재와 미래의 중생이 목숨을 마칠 때, 한 부처님의 명호나 한 보살님의 명호나 한 벽지불의 명호만 들어도 죄가 있고 없고를 가릴 것 없이 해탈을 얻습니다.

만일 어떤 남자나 여인이 살아 생전에 착한 일보다는 죄를 많이 짓고 죽었을 때, 그의 가족이나 먼 친척이 복을 닦아 훌륭한 공덕을 지어주면, 그 공덕의 칠분의 일은 죽은 이가 얻게 되고 나머지 공덕은 살아 있는 사람 스스로의 차지가 됩니다. 그러므로 현재와 미래의 선남자 선여인이 이 말을 잘 새겨 스스로 닦게 되면 그 공덕의 전부를 얻을 수 있습니다.

장자시여, 죽음의 무상대귀(無常大鬼)가 기약없이 닥쳐오면, 혼신은 스스로의 죄와 복을 알지 못한 채 어둠 속을 헤매면서 49일 동안 바보인 듯 귀머거리인 듯 지내다가, 중생의 업을 다스리는 곳에 이르러 업과(業果)의 옳고 그름을 따진 뒤에야 새로운 생을 받게 됩니다. 그 사이 스스로의 앞 일을 예측할 수 없는 잠깐 동안의 근심과 고통도 천만 가지인데, 하물며 악도에 떨어졌을 때는 어떠하겠습니까?

죽은 이는 아직 새로운 생을 얻지 못하고 있는 49일 동안, 모든 혈육과 친척들이 복을 지어 구원해 주기만을 간절히 바라다가, 그 날이 지나면 마침내 업에 따라 과보를 받게 됩니다. 그가 만일 죄많은 이라면 천백(千百) 년을 지나도록 해탈할 날이 없을 것이요, 오무간(五無間) 죄(罪)를 지어 대지옥에 떨어지게 되면 천 겁 만 겁토록 고통이 끊일 사이가 없습니다.

또 장자시여, 이러한 죄업 중생이 죽은 뒤에 혈육과 친척이 재를 베풀어 그의 선업을 도와줄 때, 재식(齋食)을 마치기 전이나 재를 지내는 동안에는 쌀뜨물이나 나물 등을 함부로 땅에 버리지 말 것이며, 모든 음식을 부처님과 스님들께 올리기 전에는 먹지 말아야 합니다.

만일 이를 어기고 먼저 먹거나 정성을 다하지 않으면, 죽은 이가 복의 힘을 얻지 못하게 됩니다. 반대로 정성을 다하여 깨끗하게 만든 음식을 부처님과 스님들께 올리면, 죽은 이는 공덕의 칠분의 일을 얻게 됩니다.

장자시여, 그러므로 염부제 중생이 목숨을 마친 부모나 가족들을 위하여 재를 베풀어 공양하되, 지극한 마음으로 정성을 다하면 산 사람도 죽은 이도 다 이익을 얻게 됩니다."

이 말씀을 하실 때 도리천궁에 있던 천만억 나유타 수의 염부제 귀신들 모두가 한량없는 보리심을 발하였고, 대변장자도 환희

심으로 가르침을 받들면서 예배하고 물러갔다.

第八 閻羅王衆讚歎品
제8 염라왕중찬탄품
염라왕의 무리들을 찬탄하심

  그때 철위산 안의 한량없는 귀왕들이
閻羅天子
염라천자와 함께 부처님께서 계신 도리천으
로 모여들었다. 이른바

惡毒鬼王　多惡鬼王　大爭鬼王　白虎鬼王
악독귀왕·다악귀왕·대쟁귀왕·백호귀왕·

血虎鬼王　赤虎鬼王　散殃鬼王　飛身鬼王
혈호귀왕·적호귀왕·산앙귀왕·비신귀왕·

電光鬼王　狼牙鬼王　千眼鬼王　啖獸鬼王
전광귀왕·낭아귀왕·천안귀왕·담수귀왕·

負石鬼王　主耗鬼王　主禍鬼王　主福鬼王
부석귀왕·주모귀왕·주화귀왕·주복귀왕·

主食鬼王　主財鬼王　主畜鬼王　主禽鬼王
주식귀왕·주재귀왕·주축귀왕·주금귀왕·

主獸鬼王　主魅鬼王　主産鬼王　主命鬼王
주수귀왕·주매귀왕·주산귀왕·주명귀왕·

主疾鬼王　主險鬼王　三目鬼王　四目鬼王
주질귀왕·주험귀왕·삼목귀왕·사목귀왕·

五目鬼王
오목귀왕 · 기리실왕 · 대기리실왕 · 기리차
祁利失王 大祁利失王 祁利叉
王 大祁利叉王 阿那吒王 大阿那吒王
왕 · 대기리차왕 · 아나타왕 · 대아나타왕 등
이었다.

　이러한 대귀왕들은 각각 백천의 여러 소
귀왕과 함께 염부제에서 살고 있으며, 각각
맡은 일이 있고 머무는 곳이 따로 있었다.
이 모든 귀왕이 염라천자와 함께 부처님의
위신력과 지장보살마하살의 힘을 받들어 도
리천으로 와서 한쪽에 공손히 서 있었다.

　그때 염라천자가 무릎 꿇어 합장하고 부
처님께 아뢰었다.

　"세존이시여, 저희가 부처님의 위신력과
지장보살마하살의 힘을 받들어 이 도리천의
성스러운 법회에 온 것은 좋은 이익을 얻고
자 함이옵니다. 제가 이제 조그마한 의심이
있어 감히 세존께 여쭈오니, 바라옵건대 자

비로써 말씀하여 주옵소서."

"마음대로 물으라. 내 그대를 위해 말해 주리라."

염라천자는 부처님을 우러러 절을 하고 지장보살을 돌아보며 부처님께 아뢰었다.

"세존이시여, 제가 지장보살을 관하옵건대 육도 중에 계시면서 백천 가지 방편으로 죄지어 고통받는 중생을 끊임없이 제도하면서도 피곤함이나 괴로움을 모르시옵니다.

이 대보살의 불가사의한 신통력 덕분에 중생들은 잠시 죄보에서 벗어나지만, 오래지 않아 또다시 악도에 떨어지고 있나이다.

세존이시여, 지장보살은 이미 불가사의한 신통력을 지니고 계시온데, 어찌하여 중생들은 옳은 법에 의지하여 영원한 해탈을 얻지 못하나이까? 바라옵건대 세존이시여, 저희를 위해 말씀하여 주옵소서."

부처님께서 염라천자에게 이르셨다.

"염부제 중생은 성품이 억세고 거칠어서 길들이기 어렵고 꺾기 어려운데도, 이 대보살은 백천 겁 동안 그 중생들 하나하나를 구제하여 해탈의 길로 인도하였느니라. 곧 지장보살은 방편의 힘으로, 큰 악도에 떨어진 죄인들까지 그들이 지난 세상에 지은 일을 깨닫게 하여 근본업연(根本業緣)에서 구제하지만, 염부제 중생은 나쁜 업에 깊이 물들어 있어 나왔다가는 다시 들어가느니라. 하지만 지장보살은 수고로움을 마다하지 않고, 오랜 겁 동안 그들을 제도하여 마침내 해탈을 얻게 하느니라.

비유하건대, 어떤 미혹한 이가 자기 본래

의 집을 잃고 방황하다가 수많은 야차와 호랑이·사자·구렁이·독사 등이 있는 험한 길로 들어서게 되었느니라. 그가 잠깐 사이에 이 사나운 것들과 마주치게 되었을 때, 맹수들을 잘 다루고 야차의 독까지도 능히 풀 수 있는 선지식이 나타나서, 자꾸만 험한 길로 들어서는 미혹한 사람에게 외쳤느니라.

'딱한 이여, 어쩌자고 이런 길로 들어왔는가? 그대에게 저런 맹수와 야차의 독을 물리칠 수 있는 기이한 술법이라도 있다는 것인가?'

길 잃은 사람은 그 말을 듣고 비로소 험한 길에 들어선 것을 알고 곧 그곳을 벗어나고자 하였느니라. 이에 선지식은 그를 부축하고 이끌어, 위험이 완전히 사라진 안전한 곳에 이르러 말하였느니라.

'딱한 이여, 다음부터는 결코 저 길로 가지 말라. 저 길로 들어가면 좀처럼 빠져나오기 어려울 뿐 아니라 목숨까지도 위험하니라.'

이 말을 듣고 길 잃은 사람은 깊은 감동을 받았는데, 헤어질 때 선지식은 또 당부하였느니라.

'저 길로 가는 사람을 보게 되면, 그가 친지이거나 아니거나 남자이거나 여자이거나 간에, 저 길에는 여러 가지 악독한 것들이 많아 목숨을 잃게 된다고 말해 주어, 그들이 죽음의 길로 들어서지 않도록 하라.'

이와 같이 대자비를 갖춘 지장보살은 죄지어 고통받는 중생들이 업보의 괴로움을 깨닫고 악도에서 벗어나 다시는 그 길로 들어서지 않게 해주며, 천인이나 인간으로 태어나 뛰어난 즐거움을 누리도록 해주느니라.

이는 마치 길을 잃어 험한 길로 잘못 들어간 사람이 선지식을 만나 나온 다음에, 다시는 그 길로 들어서지 않는 것과 같으니라. 또 그가 다른 사람에게 들어가지 않도록 권하여 그 또한 미혹에서 벗어나 해탈을 얻게 하고 다시는 악도에 들어가지 않게 하는 것과 같으니라.

그러나 계속 미혹에 머무르고 있어, 일찍이 빠졌던 험한 길이라는 것을 깨닫지 못하고 다시 그 길로 들어가면 목숨을 잃을 수밖에 없느니라.

이처럼 지장보살은 악도에 떨어진 중생들을 방편의 힘으로 구제하여 인간세상이나 천상에 태어나게 하지만, 저들은 돌고 또 돌아 다시 악도에 들어가나니, 이와 같이 하여 업이 더욱 무거워지면 영원히 지옥에 빠져 해탈하기 어렵게 되느니라."

그때 악독귀왕이 합장 공경하고 부처님께 아뢰었다.

"세존이시여, 그 수가 한량이 없는 저희 귀왕들이 염부제에 있으면서, 사람들에게 이익을 주기도 하고 손해를 끼치기도 하는 것이 같지가 않으니, 이는 저희의 업보가 서로 다르기 때문이옵니다.

제가 권속들과 함께 여러 세계를 돌아다녀보았더니, 악한 것은 많고 선한 것은 적었나이다. 저희가 도시·마을·장원·주택 등을 지나다가, 선남자 선여인이 한 티끌만큼이라도 착한 일을 하거나, 불법을 찬양하는 깃발이나 일산을 드리우거나, 작은 양의 향이나 꽃을 가지고 불보살님의 존상 앞에 공양을 올리거나, 존귀한 경전을 독송하거나, 향을 사루어 부처님 법문의 한 구절·한 게송에라도 공양하면, 저희 귀왕들은 이 사람에게 예배 공경하기를 과거 현재 미래의 모든 부처님을 섬기듯이 하겠나이다.

또한 큰 힘이 있고 토지를 맡은 작은 귀신들로 하여금 호위를 하게 하여, 나쁜 일이나 횡액이나 몹쓸 병이나 뜻에 맞지 않는 일들이 이 사람의 집 근처에서는 일어나지 않게 할 것이온대, 하물며 그러한 일들이 집안에까지 들어가게 하겠나이까?"

부처님께서 악독귀왕을 칭찬하셨다.

"착하고 착하도다. 너희와 염라천자가 선

남자 선여인을 능히 그와 같이 보호하니, 나
또한 범천왕과 제석천에게 일러 너희를 지
키고 돕게 하리라."

그때 모인 대중들 가운데에서 수명을 맡
은 주명귀왕(主命鬼王)이 나와 부처님께 아뢰었다.
"세존이시여, 저의 본래 업연은 염부제
사람들의 수명과 함께, 태어남과 죽음을 모
두 관장하는 것이옵니다. 저의 본래 서원은
중생을 크게 이롭게 하는 것이오나, 제 뜻을
알지 못하는 중생들은 날 때나 죽을 때나 편
안함을 얻지 못하나이다.
만일 이 염부제에 아기가 태어나려 할 때
집안사람들이 착한 일을 하게 되면 집안에
이익이 더하고, 토지신도 한없이 기뻐하여
아기와 산모를 보호하고 큰 안락을 얻게 하

며, 가족도 이롭게 하나이다.

그러므로 아기를 낳은 뒤에는 조심하여 살생을 하지 말아야 할 것인데, 여러 가지 비린 것들을 가져다가 산모에게 먹이거나, 많은 친척들이 모여 술을 마시고 고기를 먹으며 노래를 부르고 풍악을 울리면서 즐긴다면, 모자(母子)가 함께 편안함과 즐거움을 얻지 못하게 되나이다. 왜냐하면 아기를 낳을 때에는 무수히 많은 악귀와 도깨비들이 비린내 나는 피를 먹고자 하기 때문이옵니다.

이에 제가 집안의 토지신들로 하여금 미리 산모와 아기를 보호하여 편안하게 해주고 있나이다. 이렇게 안락함을 얻었으면 마땅히 착한 일을 하여 토지신들에게 보답을 하여야 하거늘, 도리어 산 목숨을 죽여 잔치를 베풀게 되면 스스로 재앙을 불러들여 산모와 아기에게까지 해를 입히게 되나이다.

또한 염부제 사람들이 목숨을 마치게 되면, 저는 선악을 묻지 않고 그들 모두를 악도에 떨어지지 않도록 하고 있나이다. 더욱이 죽은 이 스스로가 선근을 닦았다면 저의 힘을 더하여 주는 것이 되오니 어찌 다행한 일이 아니겠습니까?

하오나 이 염부제에서 선을 행한 이들도 임종을 할 때가 되면 백천이나 되는 악독한 귀신들이 부모나 친한 이의 모습으로 변하여 나타나서 악도에 빠지도록 유혹하거늘, 본래부터 악을 지은 자들이야 말해 무엇하겠나이까?

세존이시여, 이와 같이 염부제의 남자와 여자들은 임종을 할 때 정신이 아득하여져서 선악을 분간하지 못하오며, 눈과 귀로는 아무 것도 보고 들을 수 없나이다. 이때 가족들이 큰 공양을 베풀면서 귀중한 경전을 읽고 불보살님의 명호를 생각하면, 이 좋은 인연으로 죽은 이는 악도에서 벗어나게 되고, 마군과 귀신들은 모두 흩어져 사라지게 되옵니다.

세존이시여, 어떠한 중생이든지 임종을 할 때 한 부처님이나 한 보살님의 명호라도 듣거나 대승경전의 한 구절 한 게송이라도 듣는다면, 제가 이러한 이들을 살펴 오무간지옥에 떨어질 죄인을 제외하고, 소소한 악업으로 악도에 떨어질 자들은 모두 해탈을 얻게 하겠나이다."

부처님께서 주명귀왕에게 이르셨다.

"그대가 대자비로 큰 서원을 발하여 태어남과 죽음을 맞이하는 중생들을 능히 보호하는구나. 미래세에도 남녀 중생들이 나고 죽을 때 그대는 이 원력에서 결코 물러서지 말고 모두를 해탈시켜 길이 안락함을 얻게 하라."

주명귀왕이 부처님께 아뢰었다.

"바라옵건대 세존이시여, 염려하지 마옵소서. 제가 이 몸이 다할 때까지 생각생각마다 염부제의 중생들을 보호하여, 날 때나 죽을 때 모두 안락함을 얻게 하겠나이다. 다만 중생들이 나고 죽을 때 저의 말을 믿고 받아들여, 모두가 해탈을 얻고 큰 이익을 얻게 되기를 바라겠나이다."

그때 부처님께서 지장보살에게 이르셨다.

"이 수명을 맡은 주명귀왕은 이미 과거 백천 생 동안 대귀왕이 되어 나고 죽는 중생들을 보호하고 있었느니라. 이는 보살이 자비원력으로 대귀왕의 몸을 나타낸 것이요, 실은 귀신이 아니니라. 앞으로 170겁 뒤에 주명대귀왕은 마땅히 성불할 것이니 명호는 무상여래<ruby>無相如來</ruby>요, 겁의 이름은 안락<ruby>安樂</ruby>이며, 세계의 이름은 정주<ruby>淨住</ruby>이고, 그 수명은 가히 헤아릴 수 없는 겁에 이르느니라.

지장보살이여, 이 대귀왕의 일은 이와 같이 불가사의하며, 그가 제도하는 인간과 천인의 수도 헤아릴 수 없이 많으니라."

제9 칭불명호품

과거 부처님들의 명호

그때 지장보살마하살이 부처님께 아뢰었다.

"세존이시여, 제가 지금 미래세의 중생들에게 이익이 되는 일을 말하여, 나고 죽는 고통의 바다에서 큰 이익을 얻게 하고자 하오니, 바라옵건대 세존께서는 허락하여 주옵소서."

부처님께서 지장보살에게 이르셨다.

"그대가 지금 자비심을 일으켜, 죄업으로 인해 고통에 빠진 육도중생을 제도하고자 불가사의한 일을 말하려 하는구나. 지금이 바로 그때이니라. 마땅히 속히 말하여라. 나는 곧 열반에 들 것이니, 그대가 원을 다 이루게 되면 나 또한 현재와 미래의 모든 중생들에 대한 근심을 놓게 되리라."

"세존이시여, 과거 한량없는 아승지겁 전에 부처님께서 세상에 출현하셨으니, 명호는 무변신여래(無邊身如來)이셨나이다. 만일 선남자 선여인이 이 부처님의 명호를 듣고 잠깐 동안만이라도 공경심을 내게 되면 40겁 동안 나고 죽는 무거운 죄를 모두 초월하게 되고, 부처님의 존상을 그리거나 만들어서 공양하고 찬탄을 하게 되면 이 사람이 얻는 복은 한량이 없고 끝이 없게 되나이다.

또 과거 항하사 겁 전에 부처님께서 세상에 출현하셨으니, 명호는 보승여래(寶勝如來)이셨나이다. 만일 선남자 선여인이 이 부처님의 명호를 듣고 손가락 한 번 튕길 순간만이라도 발심하여 귀의하면, 위없는 도〔無上道〕에서 물러서지 않게 되나이다.

또 과거에 부처님이 출현하셨으니, 명호는 파두마승여래〔波頭摩勝如來〕이셨나이다. 만일 선남자 선여인이 이 부처님의 명호를 듣기만 하여도 마땅히 천 번을 욕계의 여섯 하늘〔六欲天〕에 태어나거늘, 하물며 지극한 마음으로 부처님의 명호를 생각하면 어쩌하겠나이까?

또 과거의 말로 다할 수 없는 오랜 겁 전에 부처님이 세상에 출현하셨으니, 명호는 사자후여래〔獅子吼如來〕이셨나이다. 만일 선남자 선여인이 이 부처님의 명호를 듣고 일념으로 귀의하면, 한량없는 모든 부처님을 만나 마정수기〔摩頂受記〕를 받게 되나이다.

또 과거에 부처님이 세상에 출현하셨으니, 명호는 구류손불(拘留孫佛)이셨나이다. 만일 선남자 선여인이 이 부처님의 명호를 듣고 지극한 마음으로 우러러 예배하거나 찬탄하면, 저 현겁(賢劫)의 천불(千佛) 회상에서 대범왕이 되어 으뜸가는 수기를 받게 되나이다.

또 과거에 부처님이 세상에 출현하셨으니, 명호는 비바시불(毗婆尸佛)이셨나이다. 만일 선남자 선여인이 이 부처님의 명호를 들으면, 오랫동안 악도에 떨어지지 않고 항상 인간세상이나 천상에 태어나 뛰어난 즐거움을 누리게 되나이다.

또 과거 헤아릴 수 없이 많은 항하사 겁전에 부처님이 세상에 출현하셨으니, 명호는 다보여래(多寶如來)이셨나이다. 만일 선남자 선여인이 이 부처님의 명호를 들으면, 마침내 나

뿐 길에 떨어지지 않고 항상 천상에 있으면서 뛰어난 즐거움을 누리게 되나이다.

또 과거에 부처님이 세상에 출현하셨으니, 명호는 보상여래(寶相如來)이셨나이다. 만일 선남자 선여인이 이 부처님의 명호를 듣고 공경심을 내면, 오래지 않아 아라한의 과보를 얻게 되나이다.

또 과거 한량없는 아승지겁 전에 부처님이 세상에 출현하셨으니, 명호는 가사당여래(袈裟幢如來)이셨나이다. 만일 선남자 선여인이 이 부처님의 명호를 들으면, 1백 대겁(大劫) 동안 나고 죽는 무거운 죄를 벗어나게 되나이다.

또 과거에 부처님이 세상에 출현하셨으니, 명호는 대통산왕여래(大通山王如來)이셨나이다. 만일 선남자 선여인이 이 부처님의 명호를 들으면, 항하의 모래알만큼 많은 부처님의 설법을 듣고 반드시 깨달음을 이루게 되나이다.

또 과거에 정월불(淨月佛)·산왕불(山王佛)·지승불(智勝佛)·정명왕불(淨名工佛)·지성취불(智成就佛)·무상불(無上佛)·묘성불(妙聲佛)·만월불(滿月佛)·월면불(月面佛) 등 이루 헤아릴 수 없이 많은 부처님이 계셨나이다.

세존이시여, 현재나 미래세의 인간·천인·남자·여자 할 것 없이, 어떠한 중생이든지 단 한 분의 부처님 명호만 생각하여도 공덕이 한량 없사온데, 하물며 많은 부처님의 명호를 생각하고 부르면 어떠하겠나이까? 이 중생들은 살았을 때나 죽었을 때나 큰 이익을 얻고, 결코 악도에 떨어지지 아니하옵니다.

또한 어떤 이가 목숨을 마칠 때 가족들 중 한 명만이라도 이 사람을 위해 높은 소리로 한 부처님의 명호만 불러주어도, 오무간지옥에 떨어질 큰 죄를 제외하고는 목숨을 마치는 사람의 나머지 업보가 모두 소멸되옵니다.

그리고 오무간의 대죄는 지극히 무거워서 억 겁을 지나도 벗어날 수 없는 것이지만, 다른 사람이 목숨을 마치는 이를 위해 부처님의 명호를 불러주면, 그 무거운 죄업도 점차 소멸되나이다. 하물며 그 중생이 스스로 부르고 생각하면 어떠하겠나이까? 한량없는 죄가 소멸되고 한량없는 복을 얻게 되옵니다."

제10 교량보시공덕품
보시 공덕을 비교함

　　그때 부처님의 위신력을 받들어 자리에서 일어난 지장보살마하살이 무릎 꿇어 합장하고 부처님께 아뢰었다.

　　"세존이시여, 제가 업도중생들의 보시공덕을 헤아려 보건대 가벼운 이도 있고 무거운 이도 있어, 어떤 이는 일생 동안 복을 누리고 어떤 이는 십생 동안 복을 누리고 어떤 이는 백천 생 동안 큰 복을 누리게 되니, 그 까닭이 무엇이옵니까? 바라옵건대 세존이시여, 저를 위하여 말씀하여 주옵소서."

부처님께서 지장보살에게 이르셨다.

"내 이제 일체 대중이 모인 이 도리천궁의 법회에서, 염부제에서 보시한 공덕의 가볍고 무거움을 비교하여 말하리라. 잘 새겨 들어라. 내 그대를 위해 말하리라."

"저는 그 일이 매우 궁금하오며, 기꺼이 듣고자 하나이다."

부처님께서 지장보살에게 이르셨다.

"염부제의 여러 국왕·재상·대신·바라문·대장자·대찰제리·대바라문 등이 매우 가난한 자를 만나거나 곱추·벙어리·귀머거리·장님 등의 장애인들을 만나 그들에게 보시를 하고자 할 때, 능히 대자비심을 갖추어 겸손한 마음으로 웃음을 머금고 손수 보시를 하거나, 사람을 시켜 보시를 하되 부드러운 말로 위로하면, 이들이 얻는 복과 이익은 백 항하의 모래알만큼 많은 부처님께 보시를 한 공덕과 같으니라.

왜냐하면 높고 귀한 자리에 있는 이들이 가장 빈천한 이들과 장애인들에게 큰 자비심을 낸 까닭이니라. 이리하여 백천 생 동안 항상 칠보를 구족하는 복과 이익을 얻게 되나니, 어찌 입고 먹을 것이 부족하겠느냐.

지장보살이여, 미래세의 국왕이나 바라문 등이 부처님의 탑이나 부처님·보살·성문·벽지불 등의 존상을 보고 보시 공양을 하게 되면, 이 국왕 등은 3겁 동안 제석천왕이 되어 뛰어난 즐거움을 누리게 되며, 이 보시한 복과 이익을 법계에 회향하면 10겁 동안 항상 대범천왕이 되느니라.

또 지장보살이여, 미래세의 국왕이나 바라문 등이 옛 부처님의 탑묘와 경전과 존상이 파손되고 허물어진 것을 보고 마음을 내어 보수를 하되, 힘들여 스스로 하거나 남에게 권하여 수천의 많은 사람들에게 보시 인연을 맺어주면, 이 국왕 등은 백천 생 동안 항상 전륜성왕이 되고, 같이 보시한 다른 사람들은 백천 생 동안 작은 나라의 왕이 되느니라. 그리고 다시 탑묘 앞에서 회향하는 마음을 내게 되면 이 사람들 모두가 불도를 이루나니, 이와 같이 받는 바 과보는 한량이 없고 끝이 없느니라.

또 지장보살이여, 미래세의 국왕이나 바라문 등이 늙고 병든 이나 해산하는 여인을 보고 한 생각 동안이라도 큰 자비심을 일으켜 의약·음식·침구 등을 보시하여 안락하게 해주면, 이러한 복과 이익은 가장 커서 이루 다 생각할 수가 없느니라. 그리하여 1

백 겁 중에 항상 정거천주(淨居天主)가 되고 2백 겁 동안은 항상 욕계의 육욕천주(六欲天主)가 되며, 영원히 악도에 떨어지지 않고 백천 생 동안 귀로 괴로운 소리를 듣지 않으며, 마침내는 부처가 되느니라.

또 지장보살이여, 미래세의 국왕이나 바라문 등이 이와 같은 보시를 하면 한량없는 복을 얻고, 다시 법계에 회향하면 보시의 많고 적음에 상관없이 마침내 성불하게 되나니, 어찌 제석천이나 범천이나 전륜왕의 과보를 받지 못하겠느냐. 그러므로 지장보살이여, 그대는 널리 중생들에게 권하여 마땅히 이와 같은 보시를 배우게 할지니라.

또 지장보살이여, 미래세의 선남자 선여인이 불법 가운데에서 털끝이나 먼지만큼의 작은 선근을 심어도 받는 복과 이익은 무엇

130

으로도 비유할 수가 없느니라.

또 지장보살이여, 미래세의 선남자 선여인이 부처님의 존상이나 보살·벽지불·전륜성왕의 존상을 뵈옵고 보시 공양하게 되면 한량없는 복을 얻으며, 항상 인간이나 천인으로 태어나 뛰어난 즐거움을 누리게 되느니라. 그리고 이 공덕을 법계에 회향하면 이 사람의 복과 이익은 무엇으로도 비유할 수가 없느니라.

또 지장보살이여, 미래세의 선남자 선여인이 대승경전을 한 게송이나 한 구절이라도 듣고 소중히 여기는 마음을 내어 찬탄하고 공경하고 보시 공양하게 되면, 이 사람은 한량이 없고 끝이 없는 큰 복을 얻게 되며, 이 공덕을 법계에 회향하면 그 복은 가히 비유할 수 없느니라.

또 지장보살이여, 미래세의 선남자 선여
인이 부처님의 탑묘나 대승경전에 보시 공
양하고 우러러 예배하고 찬탄하고 공경 합
장하거나, 오래되어 헐고 무너진 것을 보수
하고 관리하되 홀로 마음을 내거나 남에게
권하여 마음을 내게 하면, 함께 참여한 사람
들은 30생 동안 항상 작은 나라의 왕이 되
고, 보시의 인연을 맺어준 사람은 항상 전륜
성왕이 되어 좋은 법으로 여러 작은 나라의
왕들을 교화하느니라.

　　또 지장보살이여, 미래세의 선남자 선여
인이 불법에 따라 선근의 씨를 뿌려 보시 공
양하고, 탑과 절을 보수하고 경전을 찍고 관
리한 다음, 이 공덕을 털끝 하나·티끌 하
나·모래 한 알·물 한 방울만큼이라도 법계
에 회향하면, 백천 생 동안 매우 뛰어난 즐

거움을 받게 되느니라. 만일 공덕을 자기 집안 가족에게만 회향하거나 자신의 이익을 위해서만 회향하게 되면, 과보는 3생 동안만의 즐거움을 누리는 것으로 한정되나니, 이는 만에서 하나만을 얻는 것이 되느니라.

　지장보살이여, 보시의 인연 공덕이 이와 같음을 잘 알지니라."

第十一 地神護法品
제11 지신호법품
견뢰지신의 호법서원

그때 땅의 신인 견뢰지신(堅牢地神)이 부처님께 아뢰었다.

"세존이시여, 제가 옛부터 한량없는 보살마하살을 뵙고 예배하였사온데, 모두가 불가사의한 신통력과 지혜로써 중생을 널리 제도하더이다. 하오나 지장보살마하살은 그 모든 보살들보다 더 서원이 깊나이다.

세존이시여, 지장보살은 염부제와 큰 인연이 있습니다. 문수·보현·관음·미륵보살 또한 백천의 존상을 나투어 육도의 중생을 제도하오나 오히려 끝이 있사온데, 지장보살께서 서원을 발하고 육도의 모든 중생을 끝없이 교화한 그 겁의 수는 천백억 항하의 모래알 수와 같나이다.

세존이시여, 현재와 미래의 중생이 살고 있는 곳의 남쪽 정결한 땅에 흙이나 돌이나 대[竹]나 나무로 집을 만들고 거기에 지장보살의 존상을 그리거나 금·은·동·철 등으로 만들어 모시고, 향을 사르며 공양하고 우러러 예배하고 찬탄하게 되면, 이 사람은 사는 곳에서 열 가지의 이익을 얻게 되옵니다.

1. 농사를 짓는 땅에는 풍년이 들며
2. 집안은 언제나 편안하며
3. 먼저 죽은 가족들은 천상에 나고
4. 살아 있는 가족들은 장수하며

5. 구하는 바가 뜻대로 이루어지며

6. 수재나 화재를 만나지 않고

7. 재물의 헛된 손실이 없으며

8. 나쁜 꿈이 없어지며

9. 출입을 할 때 신장들이 보호하며

10. 성현들을 많이 만나게 되나이다.

　　세존이시여, 현재나 미래의 중생이 살고 있는 곳에서 앞에서와 같이 공양을 올리면 이와 같은 열 가지 이익을 얻게 되나이다."

　　견뢰지신이 다시 부처님께 아뢰었다.

　　"세존이시여, 미래세의 선남자 선여인이 거주하고 있는 집에 이 경전과 지장보살의 존상을 모신 다음 경전을 독송하고 공양을 올리면, 제가 신통력을 다해 밤낮으로 이 사람을 보호하여, 물·불·도둑이나 크고 작은 횡액 등의 나쁜 일들이 다 사라지게 하겠나이다."

부처님께서 견뢰지신에게 이르셨다.

"견뢰지신이여, 그대의 대신통력에는 모든 신들이 미치지 못하느니라. 왜냐하면 그대는 염부제의 모든 토지를 지키고 있고, 초목·모래·돌·벼·삼·대·갈대·곡식·쌀·보배 등 땅을 의지하고 있는 모든 것이 그대의 힘을 입고 있기 때문이니라. 그리고 지장보살에게 공양하는 이들이 얻게 되는 이익에 대해 찬탄한 공덕으로, 신통력이 저 다른 지신들의 백천 배가 된 것이니라.

만일 미래세의 선남자 선여인이 지장보살에게 공양하고 이 경전을 독송하되, 이 지장본원경(地藏本願經)에 의지하여 단 한 가지 일이라도 행하는 이가 있다면, 그대는 마땅히 근본 신통력으로 이 사람을 보호하라. 그리하면 온 갖 재해와 뜻대로 되지 않는 일들이 이 사람의 귀에 들리지도 않게 될 것인데, 어찌 피해를 보는 일이 있겠느냐. 또한 그대 혼자만이 아니라, 제석천과 범천의 권속들도 이 사람을 옹호하느니라.

어찌하여 이와 같은 성현들이 옹호를 하는가? 이는 다 지장보살의 존상에 예경하고 지장본원경을 독송한 때문이니, 이 사람은 마침내 고해에서 벗어나 반드시 열반의 즐거움을 얻게 되느니라."

第十二 見聞利益品
제12 견문이익품
보고 들어 얻는 이익

그때 세존께서 정수리와 미간백호로부터 백천만억의 크고 훌륭한 광명을 놓으셨으니, 그 광명은 이른바

白毫相光
백호상광이요 대백호상광이며

瑞毫相光
서호상광이요 대서호상광이며

玉毫相光
옥호상광이요 대옥호상광이며

紫毫相光
자호상광이요 대자호상광이며

青毫相光
청호상광이요 대청호상광이며

碧毫相光
벽호상광이요 대벽호상광이며

紅毫相光
홍호상광이요 대홍호상광이며

녹호상광이요 대녹호상광이며
^{綠毫相光}
금호상광이요 대금호상광이며
^{金毫相光}
경운호상광이요 대경운호상광이며
^{慶雲毫相光}
천륜호광이요 대천륜호광이며
^{千輪毫光}
보륜호광이요 대보륜호광이며
^{寶輪毫光}
일륜호광이요 대일륜호광이며
^{日輪毫光}
월륜호광이요 대월륜호광이며
^{月輪毫光}
궁전호광이요 대궁전호광이며
^{宮殿毫光}
해운호광이요 대해운호광 등이었다.
^{海雲毫光}

부처님께서는 정수리와 미간백호에서 이와 같은 광명을 놓으신 다음, 미묘한 음성으로 여러 대중과 천·용 등의 팔부신중, 사람과 사람 아닌 이 등에게 이르셨다.

"들으라. 여래가 오늘 이 도리천궁에서, 지장보살이 인간과 천인을 이익되게 하는 불가사의한 일과, 인연의 자리를 뛰어넘고

십지를 깨달아 아뇩다라삼먁삼보리에서 물러나지 않은 성스러운 일을 크게 찬탄하노라."

그때 대중 속에 있던 관세음보살마하살이 자리에서 일어나 무릎 꿇어 합장하고 부처님께 아뢰었다.

"세존이시여, 지장보살마하살이 대자비로써 죄지어 고통받는 중생들을 불쌍히 여겨, 천만억의 몸을 나타내는 공덕과 불가사의한 위신력을 저는 이미 들었나이다. 세존께서는 시방의 한량없는 여러 부처님과 더불어 한 목소리로 지장보살을 찬탄하며 이르시기를, '과거 현재 미래의 모든 부처님이 그 공덕을 함께 설할지라도 오히려 다할 수 없다'고 하셨나이다. 또한 앞에서도 대중들에게, 지장보살이 널리 이익을 베푸는 일에 대해 찬탄을 아끼지 않으셨나이다.

세존이시여, 바라옵건대 현재와 미래의 모든 중생을 위해 지장보살의 불가사의한 공덕을 찬양하시어, 천·용 등의 팔부신중들로 하여금 우러러 예배하고 복을 얻을 수 있게 하옵소서."

부처님께서 관세음보살에게 이르셨다.

"그대는 사바세계와 큰 인연이 있어 천·용이나 남자·여자·신·귀신, 나아가 육도의 고통받는 중생들이 그대의 이름을 듣거나 존상을 보거나 흠모하여 따르거나 찬탄을 하면, 이 중생들을 무상도(無上道)에서 물러서지 않게 하고, 항상 인간이나 천상에 태어나 뛰어난 즐거움을 누리게 하며, 인과를 점차 성숙시켜 마침내는 부처님의 수기를 받게 하는도다.

그러한 그대가 이제 대자비로 중생들과 천·용 등의 팔부신중을 불쌍히 여겨, 지장보살이 베푸는 한량없는 이익에 대해 듣고자 하는구나. 자세히 들어라. 내 이제 그대를 위해 말하리라."

　"세존이시여, 잘 새겨 듣겠나이다."

　부처님께서 관세음보살에게 이르셨다.

　"현재와 미래의 모든 세계 속에 있는 천인들이 천상에서의 복이 다해 다섯 가지 쇠퇴〔五衰〕하는 모습을 나타내기 시작하여 장차 악도에 떨어지게 되었을 때, 그 천인들이 지장보살의 존상을 보거나 명호를 듣고 단 한 번만 우러러 절을 하여도, 천상의 복이 더욱 더하여 큰 즐거움을 받게 되며, 길이 삼악도에 떨어지지 않게 되느니라.

　하물며 지장보살의 존상을 보거나 명호

를 듣고 여러 가지 향·꽃·옷·음식·보배
등을 보시 공양하면 어떠하겠느냐. 그들이
얻는 공덕과 복과 이익은 한량이 없고 가이
없느니라.

관세음보살이여, 현재와 미래의 모든 세
계에 있는 육도중생이 목숨을 마치려 할 때
지장보살의 명호를 들려주어 한 소리만이라
도 귀에 스치게 하면, 이 중생들은 길이 삼
악도의 타는 듯한 괴로움을 겪지 않게 되느
니라. 하물며 부모나 가족들이 목숨을 마치
는 사람의 집과 재물과 보배와 옷 등을 팔
아, 지장보살의 존상을 그리거나 만들어서
그의 눈으로 보게 하면 더 말할 것이 없느니
라.

또 병든 사람의 숨이 넘어가지 않았을 때
눈으로 지장보살의 존상을 보고 귀로 명호

를 듣게 하며, 바른 길을 아는 가족들이 집과 보배 등을 팔아 지장보살 존상을 그리거나 만들어서 이 사람으로 하여금 직접 눈으로 보고 귀로 듣게 하면, 이 사람이 업보로 인해 중병을 앓는 것이 당연하다 할지라도, 그 공덕에 힘입어 병이 완쾌되고 수명이 더 길어지느니라.

또한 명이 다하여 지은 죄업 때문에 마땅히 악도에 떨어져야 할 사람이라도, 그 공덕으로 죽은 뒤에 죄와 업장들이 소멸되어, 곧바로 인간세상이나 천상에 태어나 뛰어난 즐거움을 누리게 되느니라.

관세음보살이여, 미래세의 어떤 남자나 여인이, 젖을 먹을 때나 세 살·다섯 살·열 살이 못되었을 때 부모를 잃었거나 형제 자매와 이별하였다면, 자라서 어른이 된 뒤에도 부모와 가족을 그리워하게 되느니라.

'나의 부모 형제가 나쁜 길에 떨어지지는 않았을까? 어디에 있을까? 어느 세계에 태어났을까?' 생각하지만 알 수가 없느니라.

그런데 이 사람이 지장보살의 존상을 그리거나 만들어 모시고, 그 명호를 부르면서 한 번 우러러 보고 한 번 절하기를 하루로부터 7일에 이르도록 하되, 처음 일으킨 마음을 잃지 않고 명호를 부르고 존상을 우러러 보며 예배하고 공양한다면, 먼저 죽은 가족이 스스로 지은 업 때문에 악도에 떨어져 여러 겁을 지내야 할 경우라도, 이 사람이 지장보살에게 정성을 바친 공덕으로 곧 해탈을 얻어, 인간세상이나 천상에 태어나 뛰어난 즐거움을 누리게 되느니라.

또 이미 스스로가 닦은 복의 힘에 의해 인

간세상이나 천상에 태어나 뛰어난 즐거움을 누리는 이라면, 이 공덕으로 성스러운 인연이 더욱 더하여져서 한량없는 즐거움을 누리게 되느니라.

이 사람이 다시 21일 동안 지극한 마음으로 지장보살의 존상에 우러러 예배하고 명호를 불러 하루에 만 번을 채우게 되면, 지장보살이 가없는 몸을 나타내어 이 사람의 가족이 태어난 곳을 알려주거나, 꿈에 큰 신통력을 나타내어 친히 이 사람을 데리고 여러 세계로 가서 가족들을 보여줄 것이니라.

또 날마다 지장보살을 생각하며 명호를 천 번씩 불러 천 일에 이르게 되면, 지장보살은 이 사람이 사는 곳의 토지신을 시켜 평생토록 보호케 하나니, 그렇게 되면 먹고 입는 것이 풍족하여지고, 질병이나 고통이 없어지며, 횡액(橫厄)이 그의 집안에 들어오지 못하게 되거늘, 어찌 이 사람의 몸에 미칠 수 있겠느냐. 또 이 사람은 마침내 지장보살로부터 마정수기를 받게 되느니라.

관세음보살이여, 미래세의 선남자 선여인 가운데 넓고 크나큰 자비심을 내어 모든 중생을 제도하고자 하는 사람이나 위없는 깨달음을 이루어 삼계의 고통을 여의고자 하는 사람이, 지장보살의 존상을 보거나 명호를 듣고 지극한 마음으로 귀의하되, 향·꽃·옷·음식·보배 등을 공양하고 우러러 예배하면, 이 선남자 선여인의 소원은 속히 성취되고 영원히 장애가 없게 되느니라.

관세음보살이여, 미래세의 선남자 선여인이 현재와 미래의 세상에서 백천만억의 소원과 백천만억의 일들을 이루고자 할 때,

148

지장보살의 존상 앞에서 귀의하고 예배하고 공양하고 찬탄하면 소원이나 일들이 다 성취되느니라. 또한 지장보살이 대자비로 길이 보호하여 주기를 바란다면, 이 사람은 꿈 속에서 지장보살의 마정수기를 받을 것이니라.

관세음보살이여, 미래세의 선남자 선여인이 대승경전에 대하여 깊이 존중하는 마음과 지극한 믿음을 내어 읽고 외우고자 하지만, 밝은 스승을 만나 가르침을 잘 받아도 읽은 것을 금방 잊어버리고 시간이 흐르면 독송할 수 없게 되는 이가 있느니라. 이러한 선남자 선여인은 묵은 업장이 아직도 소멸되지 않아 대승경전을 독송할 만한 성품이 없기 때문이니라.

그러나 이 사람이 지장보살의 명호를 들

거나 지장보살의 존상을 보고 지극한 마음으로 공경스럽게 그 사실을 아뢰고, 다시 향·꽃·옷·음식·장엄구 등으로 보살에게 공양함과 동시에 깨끗한 물 한 그릇을 지장보살 존상 앞에 올려, 하루 낮 하루 밤을 지내고 난 뒤에 합장하고 지장보살에게 물을 마시겠다고 청한 다음, 머리를 남쪽으로 향하게 하고 정성스런 마음으로 마실지니라.

마시고 나서는 오신채^{五辛菜}와 술과 고기를 먹지 않고, 삿된 음행이나 망어나 살생을 7일 또는 21일 동안 삼가하면, 지장보살이 선남자 선여인의 꿈 속에 가없는 몸을 나타내어, 정수리에 물을 부어 주느니라. 이 꿈을 깨고 나면 곧 총명을 얻나니, 경전을 읽어 한 번 귓가에 스치기만 하여도 기억하며, 한 글귀

한 게송까지도 오랫동안 잊어버리지 않게 되느니라.

관세음보살이여, 미래세의 사람 중에 옷과 음식이 부족하여 구하더라도 뜻대로 되지 않거나, 질병이 잦거나, 궂은 일이 많아 집안이 불안하고 가족이 흩어지거나, 뜻밖의 재앙으로 몸이 괴롭거나, 무서운 꿈을 꾸어 자주 놀라는 이는, 지장보살의 존상을 보면서 지극한 마음으로 공경하며 명호를 만 번 염할지니라. 그렇게 하면 모든 좋지 않은 일들이 점점 사라져 안락함을 얻고, 먹고 입을 것이 풍족해지며, 꿈 속에서도 안락함을 얻느니라.

관세음보살이여, 미래세의 선남자 선여인이 생계나 공적 사적인 일 또는 나고 죽는 일이나 급한 일 때문에, 깊은 산이나 숲속에 들어가고 강이나 바다와 같은 큰물을 건너거나 험한 길을 지나게 될 때, 먼저 지장보살의 명호를 만 번 부르면 지나는 곳마다 토지신이 그를 보호하여 가고 오고 앉고 눕는 모든 일이 언제나 안락하게 되며, 호랑이·늑대·사자 등 사납고 독이 많은 짐승을 만나더라도 해를 입지 않게 되느니라.

관세음보살이여, 이 지장보살은 염부제와 큰 인연이 있나니, 어떤 중생이든 지장보살의 존상을 보거나 명호를 들으면, 그들이 얻는 이익은 백천 겁 동안 말하여도 다할 수 없느니라.

관세음보살이여, 그대는 신통력으로 이 경전을 유포하여, 사바세계의 중생으로 하여금 백천만 겁토록 안락을 누리게 하라."

그때 세존께서 게송으로 이르셨다.

내가관한^觀 지장보살 크고높은 위신력은
항하사겁 설하여도 다말하기 어렵나니
잠깐동안 보고듣고 공경하고 예배하면
인간천인 할것없이 얻는이익 한없도다
남자거나 여자거나 용이거나 신이거나
쌓은복이 다해지면 삼악도에 떨어지나
지장보살 위신력에 지심으로 귀의하면
수명늘고 모든죄장 남김없이 사라지네

어떤사람 어린시절 양친부모 여의고서
부모님이 태어난곳 어디인지 알수없고
형제자매 여러친족 남김없이 흩어져서
다자라난 이후에도 그행방을 모를때에
지장보살 거룩한상 그리거나 만들어서

지극정성 다기울여 쉬임없이 절을하고
스물하루 보살명호 생각하고 부를지면
지장보살 가없는몸 그의앞에 나투어서
가족들이 태어난곳 고루고루 보여주고
삼악도에 떨어진자 모두건져 주느니라
모름지기 처음마음 잃지않고 정진하면
성스러운 마정수기 틀림없이 받게되리

어떤사람 뜻을세워 무상보리 구하거나
삼계속의 모든고통 벗어나기 원하올때
모름지기 이사람은 대비심을 발하고서
성스러운 지장보살 우러러서 예배하면
여러가지 소원들이 하루빨리 성취되고
가로막던 업장들이 모두모두 사라지네

어떤사람 발심하여 대승경전 통달하고

모든중생 피안으로 인도하기 원한다는
부사의한 거룩한원 세우기는 하였지만
경전읽고 또읽어도 기억하지 못하나니
이는바로 지난세상 지은업이 장애되어
거룩하온 대승경전 능히외지 못함일세
그가만일 정성들여 향과꽃과 음식등의
여러가지 공양구로 지장대성 공양하고
깨끗한물 한그릇을 존상앞에 올리고서
하루낮과 하루밤이 지난뒤에 마신다음
깊은믿음 일으켜서 오신채를 삼가하고
술과고기 삿된음행 망어등은 물론이요
절대살생 하지않고 삼칠일을 지내면서
지장보살 그명호를 지성으로 염할지면
꿈속에서 대보살의 가없는몸 보게되고
깨어나면 눈과귀가 모두모두 밝아져서
대승경전 읽는소리 귓전에만 스쳐가도

천만생을 두고두고 길이길이 기억하니
이는바로 지장보살 부사의한 신력으로
이사람을 일깨워서 총명지혜 줌이로다

어떤중생 가난하고 병이많아 고생하고
집안또한 몰락하여 가족모두 흩어졌고
잠을자면 꿈자리가 불안하기 그지없고
구하는것 못구하고 뜻하는일 못이룰때
존상앞에 절을하고 명호만번 염할지면
세상살이 나쁜일들 모두가다 사라지고
잠잘때나 꿈에서도 편안함을 얻게되며
옷과음식 풍족하고 착한신이 보호하네

어쩌다가 험한산과 험한바다 지나갈때
독기품은 짐승이나 나쁜사람 비롯하여
나쁜신과 나쁜귀신 여러가지 악풍으로

온갖고통 온갖고난 한꺼번에 닥쳐와도
지장명호 외우거나 존상앞에 이르러서
일심으로 예배하고 지성으로 공양하면
모든산과 바다속에 가득하던 재난들이
모두모두 소멸되어 평온함을 얻는다네

관음이여 지심으로 나의말을 들을지니
지장보살 위신력은 끝이없고 부사의라
백천만겁 다하여도 공덕못다 설하노니
지장보살 위신력을 그대널리 전파하라
지장보살 그이름을 어떤이가 혹듣고서
거룩하온 존상앞에 지성다해 절을하고
향과꽃과 옷과음식 두루갖춰 공양하면
백천가지 그지없는 즐거움을 누리리라

또한능히 이공덕을 온법계에 회향하면

마침내는 성불하여 나고죽음 벗어나리
그러므로 관음이여 이러한법 잘알아서
항하사수 저국토에 널리일러 줄지니라

第十三 囑累人天品
제13 촉루인천품
사람과 천인을 부촉하심

　그때 부처님께서 금빛 팔을 들어 지장
보살마하살의 정수리를 어루만지며 이르
셨다.

　"지장보살이여,
그대의 신력(神力)은 불가사의하도다.
그대의 자비(慈悲)는 불가사의하도다.
그대의 지혜(智慧)는 불가사의하도다.
그대의 변재(辯才)는 불가사의하도다.
　시방의 모든 부처님이 천만 겁 동안 찬탄
할지라도 그대의 불가사의한 공덕은 다 말

할 수 없느니라.

지장보살이여, 내 오늘 백천만억의 모든 불보살과 천·용 등의 무리들이 모인 이 도리천궁의 큰 법회에서, 인간과 천인들 모두를 또다시 그대에게 부촉하노라.

삼계의 불타는 집〔三界火宅〕에서 나오지 못하는 중생들을 그대에게 맡기노니, 그대라면 하루 낮 하루 밤이라도 그들을 악도에 떨어지지 않게 할 것인데, 어찌 오무간지옥이나 아비지옥에 떨어져 천만억 겁을 지내도 나올 기약이 없게 하겠느냐.

지장보살이여, 이 염부제 중생들은 근기와 성품이 약하여 악한 짓을 익히는 자가 많고, 비록 착한 마음을 내었다가도 잠깐 사이에 물러서느니라. 그리고 악한 인연을 만나면 생각생각마다 악이 더 늘어나니, 이러한 까닭으로 나는 백천억의 몸을 나투어 근기와 성품에 따라 그들을 교화하고 제도하여 해탈을 얻게 하였느니라.

지장보살이여, 내 이제 간곡히 인간과 천인들을 그대에게 부촉하노니, 미래세의 인간세상과 천상의 선남자 선여인이 불법 가운데에서 털끝 하나·티끌 하나·모래 한 알·물 한 방울만한 작은 선근이라도 심으면, 그대는 도력으로 이들을 보호하여, 물러섬이 없이 위없는 도를 닦게 하라.

지장보살이여, 미래세의 천인이나 인간 중에서 업에 따라 과보를 받아 악도에 떨어지는 이가 있거든, 그대는 그곳으로 나아가라. 그리고 중생들이 지옥문에 이르러, 한 부처님 한 보살의 명호나 대승경전의 한 구절 한 게송만이라도 외운다면, 신통력과 방

편으로 가없는 몸〔無邊身〕을 나타내어 지옥을
부수고 이들을 구출하여, 고통을 벗고 천상
에 태어나 뛰어난 즐거움을 누릴 수 있게 할
지니라.”

부처님께서 다시 게송으로 이르셨다.

현재와　미래세의　천인과인간
내이제　그대에게　부촉하노니
신통과　방편으로　제도하여서
악도에　떨어지지　않도록하라

이때 지장보살마하살이 무릎 꿇어 합장
하고 부처님께 아뢰었다.

“세존이시여, 염려하지 마옵소서. 미래세
의 선남자 선여인이 불법에 대해 한 생각의
공경심만 일으켜도, 저는 백천 가지 방편으

로 이 사람을 제도하여 속히 생사 가운데에서 해탈을 얻게 할 것이옵니다. 하물며 여러 가지 착한 일을 닦는 사람이야 말할 나위가 있겠나이까. 이 사람은 무상도(無上道)에서 영원히 물러서지 않게 될 것이옵니다."

이때 법회에 참석하였던 허공장보살(虛空藏菩薩)이 부처님께 아뢰었다.

"세존이시여, 저는 이 도리천에 이르러 부처님께서 지장보살의 불가사의한 위신력을 찬탄하는 것을 잘 들었나이다. 만일 미래세의 선남자 선여인과 천·용 등이 이 경전과 지장보살의 명호를 듣거나, 지장보살의 존상을 보고 우러러 예배하면 몇 가지의 복과 이익을 얻게 되나이까? 세존이시여, 현재와 미래의 모든 중생을 위해 간략히 말씀하여 주옵소서."

부처님께서 허공장보살에게 이르셨다.

"자세히 듣고 자세히 들어라. 마땅히 그대를 위해 분별하여 말하리라. 미래세의 선남자 선여인이 지장보살의 존상을 보거나이 경전을 듣거나 독송하고, 향·꽃·옷·음식·보배 등을 보시하여 공양하고 찬탄하고 우러러 예배하면, 마땅히 스물여덟 가지 공덕을 얻으리라.

1. 천인과 용이 항상 지켜주며
2. 선한 과보가 나날이 더해지며
3. 성인들과 좋은 인연을 맺으며
4. 보리심이 후퇴하지 않으며
5. 먹고 입을 것이 풍족해지며
6. 질병이 침범하지 않으며

7. 수재나 화재를 만나지 않으며

8. 도둑으로 인한 재앙이 없으며

9. 사람들로부터 존경을 받으며

10. 귀신들이 돕고 지켜주느니라.

11. 여자는 다음 생에 남자로 태어나고

12. 여자로 나면 훌륭한 집안에 태어나며

13. 용모가 단정하고 빼어나며

14. 여러 생 동안 천상에 태어나고

15. 때로는 제왕이 되기도 하며

16. 전생 내생의 일을 알게 되며

17. 구하는 바를 뜻과 같이 이루게 되며

18. 가족 친척들이 모두 화목하니라.

19. 뜻밖의 재앙이 모두 소멸되고

20. 나쁜 업의 길이 영원히 없어지고

21. 가는 곳마다 막힘이 없으며

22. 밤에는 꿈이 안락하고

23. 조상들이 괴로움에서 벗어나느니라.

24. 다시 태어날 때 복을 타고 태어나며

25. 성현들이 찬탄을 하며

26. 총명하고 근기가 빼어나게 되며

27. 자비심이 더욱 풍부해지고

28. 마침내는 부처를 이루느니라.

　　허공장보살이여, 또한 현재와 미래의 천·용·귀신 등이 지장보살의 명호를 듣거나 지장보살의 존상에 예배하거나, 지장보살의 본원(本願)에 대한 이야기를 들은 다음 수행하고 찬탄하고 우러러 예배하면 일곱 가지의 이익을 얻게 되느니라.

　1. 속히 성현의 지위에 오르며

　2. 악업이 소멸되며

3. 모든 부처님이 지켜주시며

4. 깨달음의 길에서 물러서지 않으며

5. 본원력이 더욱 커지며

6. 숙명(宿命)을 통달하며

7. 마침내는 부처를 이루느니라."

그때 시방세계 여러 곳에서 오신 모든 부처님과 대보살과 천·용 등의 팔부신중이 석가모니불께서 지장보살의 불가사의한 큰 위신력을 더 높이 찬탄하는 것을 듣고, 일찍이 없었던 일이라며 감탄을 금치 못하였다.

이때 도리천으로 한량없는 향과 꽃과 하늘옷과 보배구슬이 비오듯 내려 석가모니불과 지장보살께 공양을 하여 마치자, 법회에 참석한 일체 대중들 모두가 우러러 예경하고 합장하며 물러갔다.

II

'나무지장보살' 천번 염송

'나무지장보살' 천 번을 염송할 때

① '나무지장보살'을 천 번 염송할 때는 그냥 '지장보살'이라고 염하는 것이 아니라, 반드시 귀의한다는 뜻의 '나무'를 붙여 '나무지장보살'이라고 불러야 합니다. 그리고 108염주를 이용하기보다는, 1000알을 꿰어서 만든 천주(千珠)를 이용하여 한 알에 한 번씩 '나무지장보살'을 염하는 것이 효과적입니다. 자세는 꼭 무릎 꿇고 앉지 않아도 되며, 반가부좌를 하는 것이 무난합니다.

② 입으로 '나무지장보살'을 부르되 너무 급하거나 느리게 부르지 말고, 적당한 속도로 또렷하게 마음에 새기며 부르는 것이 좋습니다. 단, 소리를 크게 내라는 것은 아닙니다. 환경에 따라 주위에 방해가 되지 않고 '나'의 마음을 잘 모을 수 있는 크기로 염하면 됩니다.

③ 이때 머리로는 지장보살의 모습을 떠올리는 것이 좋습니다. 지장보살님께서 '나'와 나의 주위에 자비광명을 비추어

주는 것을 관상하면서 염불을 하라는 것입니다.

만일 자식·부모 등 다른 사람을 위해 기도를 드리는 경우라면, '나'가 아닌 그 당사자에게 지장보살님의 자비광명이 임하는 듯이 관상하여야 합니다. 지장보살님의 가피가 그 당사자에게 직접 가면 바로 해결될 수 있는데, 가피가 '나'에게 왔다가 그 당사자에게로 옮겨가도록 하면 그만큼 늦어질 뿐 아니라, 자칫 가피가 미치지 못하게 되기 때문입니다.

④ 그리고 염불을 할 때 마음 속으로는 오로지 업장참회를 기원하여야 합니다.

"지장보살님, 잘못했습니다. 모든 잘못을 참회합니다…."

이렇게 끊임없이 참회하고 또 무조건 참회해야 합니다.

그런데 업장소멸을 바라며 기도하는 불자들 가운데에는 '업장을 소멸시켜 주십시오' 하면서 기도하는 이들이 생각 외로 많습니다. 그러나 이렇게 '소멸시켜 달라'며 기도하기보다는 '잘못했다'고 해야 합니다.

'잘못했다'고 하는 것은 주체적인 참회요, '소멸시켜 달라'고 하는 것은 매달리는 참회입니다. 잘못은 내가 저질러 놓고 잘못을 소멸시켜 달라는 것은 모순일 뿐입니다. '잘못했다'고 참회하면 업장이 저절로 녹아내리지만, '시켜달라'고 요구하면 언제까지나 매달리는 존재로 남아있을 수밖에 없으며, 그

결과는 하늘과 땅 차이입니다.

　알게 모르게 지은 죄업을 간절히 '잘못했습니다' 하면서 참회할 때 내 마음 속의 그릇된 응어리가 녹아내리고, 마음 속의 응어리가 녹아내릴 때 그 잘못을 용서하지 않을 존재는 없습니다. '잘못했습니다', '무조건 참회합니다'고 할 때 모든 업장이 녹아내리는 것입니다.

　이상과 같이 입으로 '나무지장보살'을 부르고, 머리로 지장보살님의 자비광명이 임하는 것을 그리고, 마음 속으로 진심어린 참회를 하게 되면 모든 죄업들이 티끌로 화하고 행복이 충만하게 됩니다.

　⑤ 물론 천 번의 '나무지장보살' 염불을 끝내고 나서 다시 회향하고 축원하는 것을 잊어서는 안 됩니다.

Ⅲ

지장보살예찬문

〈지장보살예찬문〉을 외우며 158배 할 때

　〈지장보살예찬문〉은 간단한 찬탄의 글과 함께 불보살님의 명호와 권능에 따른 여러 지장보살님의 이름을 외우며 158배의 지심귀명례를 올리는 의식문입니다.

　이 〈지장보살예찬문〉은 크게 서론에 해당하는 서분(序分), 본론에 해당하는 정종분(正宗分), 공덕을 회향하는 회향발원(廻向發願)의 세 부분으로 구성되어 있습니다.

　① **서분**: 향 하나를 피우며 부처님의 강림을 기원하는 간단한 게송으로 시작됩니다. 무릎을 꿇고 앉아 이 게송을 외운 다음 '지심귀명례 시방법계 상주삼보(至心歸命禮 十方法界 常住三寶)'를 염하며 삼보에 귀의하는 첫번째 절을 올립니다. 다시 무릎을 꿇고 합장하여 '나무지장왕보살마하살'을 세 번 부른 다음, 지장보살의 공덕을 찬탄하는 다소 긴 게송을 외웁니다.

　② **정종분**: 이 정종분은 '지심귀명례'와 불보살의 명호를

외우며 157배를 올리는 예찬문의 핵심부분으로, '지심귀명례'를 외우며 몸을 일으키고, 불보살님의 명호를 외울 때 엎드려 머리를 조아리면 됩니다.

③ **회향발원**: 이상으로 157배의 지심귀명례를 끝내고, 그 공덕을 회향하는 게송을 읊습니다.

> 예배하온 큰 공덕과 뛰어난 행의
> 가이없고 수승한 복 회향합니다
> 원하오니 고에 빠진 모든 유정들
> 어서 빨리 극락 왕생 하여지이다

그리고 마지막으로 '나무대자대비 대원본존 지장보살'을 세 번 외우고 끝을 맺습니다.

지장신앙의 뿌리에서부터 시작하여 지장보살의 서원과 권능 등을 남김없이 담은 이 예찬문을 읽으며 절을 할진대, 어찌 업장이 녹아내리지 않을 것이며, 어찌 소원이 이루어지지 않겠습니까! 오로지 정성을 다해, 그야말로 '지심귀명례'를 올릴 것을 당부드립니다.

지장보살예찬문
地藏菩薩禮讚文

저희들이　모든지성　다바치오며

향로위에　향하나를　사르고나니

그향기가　온법계에　두루하옵고

모든세계　불국토에　고루퍼져서

곳곳마다　상서구름　피어오르니

저희들의　간절한뜻　살펴주시사

자비하신　불보살님　강림하소서

지심귀명례 시방법계 상주삼보(1배)
至心歸命禮 十方法界 常住三寶

(무릎꿇고 합장하여 이르기를)

나무 지장왕보살 마하살(3번)
南無 地藏王菩薩 摩訶薩

대비대원　대성대자　보살께서는
미묘하온　온갖공덕　갖추셨나니
대해탈의　큰보배가　나는곳이요
보살들의　맑고밝은　안목이시며
열반으로　인도하는　도사이셔라
온갖보배　비내리는　여의주처럼
구하는바　모든것을　만족케하며
온갖보배　고루갖춘　섬이시오며
모든선근　키워주는　좋은밭이며
대해탈의　낙을담은　그릇이오며
신묘하온　공덕내는　청정수셔라
착한이를　비춰주는　햇빛이시며
열과번뇌　식혀주는　달빛이시며

번뇌도둑　격파하는　날쌘칼이며
더운여름　나그네의　정자나무며
다리없는　사람에겐　수레와같고
머나먼길　가는이의　자량이시며
길을잃은　나그네의　길잡이시며
미친사람　마음잡는　묘한약이며
병고중의　사람에겐　의사이시며
늙은이들　의지하올　지팡이시며
고달픈이　편히쉬는　평상이시며
생노병사　건네주는　다리이시며
불국토로　가는이의　뗏목이셔라
모든선근　두루닦은　공덕신이요
모든선근　얻게되는　등류과시며
等流果
항상굴려　베푸옵는　수레바퀴며
청정계행　견고함은　수미산같고

불퇴전의 용맹정진 금강보배며

안온하고 부동하기 대지와같고

정밀하온 대선정은 비밀장이며
秘 密 藏

화려하온 삼매장엄 꽃다발같고

깊고넓은 대지혜는 바다같으며

물듦없고 집착않음 허공과같고

묘한과보 가까움은 꽃잎같도다

일체외도 조복함은 사자왕이요

일체마군 굴복시킴 용상이시며

번뇌도적 모두베는 신검이시며

번잡함을 싫어함은 독각이시며

번뇌의때 씻어줌은 맑은물이며

모든악취 없애줌은 선풍과같고

온갖결박 끊으심은 칼날같으며

온갖공포 막으심은 아버지같고

온갖원적　막으심은　성곽같으며
온갖액난　구하심은　부모와같고
겁약한이　숨겨줌은　숲과같아라
목이마른　사람에겐　청량수되고
굶주리는　사람에겐　과일이되며
옷이없는　사람에겐　의복이되고
더위속의　사람에겐　큰구름되며
가난속의　사람에겐　여의보되고
공포속의　사람에겐　의지처되며
농사짓는　이에게는　단비가되고
흐린물을　맑힘에는　월애주되어
月愛珠
모든중생　모든선근　두호하시며
묘한경계　나타내어　즐겁게하고
중생들의　참괴심을　더하게하며
복과지혜　구하는이　만족케하네

번뇌망상 씻어내기 폭포수같고
산란심을 거두기는 삼매경계요
걸림없는 대변재는 수차같으며
水車
깊은삼매 부동함은 묘색과같고
妙色
대인욕에 안주함은 수미산같고
온갖법을 간직함은 바다와같고
대신족이 자재함은 허공같으며
햇볕아래 얼음녹듯 미혹없애고
선정지혜 구족된섬 두루노닐며
무공용의 대법륜을 항상굴리는
無功用
수승하온 큰공덕은 측량못해라
오래닦아 견고하온 크신원력과
대자비와 용맹정진 크신공덕은
일체보살 뛰어넘어 으뜸이기에
잠시에도 쉬임없이 귀의하옵고

염불하고 예불하고 공양하올때
모든중생 온갖고통 모두여의고
온갖소원 지체없이 거둬주시어
천상나고 열반길에 들게하시니
저희들이 일심으로 정례합니다

지심귀명례 본사 석가모니불
至 心 歸 命 禮 本 師 釋 迦 牟 尼 佛

지심귀명례 극락세계 아미타불
至 心 歸 命 禮 極 樂 世 界 阿 彌 陀 佛

지심귀명례 사자분신구족만행불
至 心 歸 命 禮 師 子 奮 迅 具 足 萬 行 佛

지심귀명례 각화정자재왕불
至 心 歸 命 禮 覺 華 定 自 在 王 佛

지심귀명례 일체지성취불
至 心 歸 命 禮 一 切 智 成 就 佛

지심귀명례 청정연화목불
至 心 歸 命 禮 淸 淨 蓮 華 目 佛

지심귀명례 무변신불
至心歸命禮 無邊身佛

지심귀명례 다보불
至心歸命禮 多寶佛

지심귀명례 보승불
至心歸命禮 寶勝佛

지심귀명례 파두마승불
至心歸命禮 波頭摩勝佛

지심귀명례 사자후불
至心歸命禮 獅子吼佛

지심귀명례 구류손불
至心歸命禮 拘留孫佛

지심귀명례 비바시불
至心歸命禮 毗婆尸佛

지심귀명례 보상불
至心歸命禮 寶相佛

지심귀명례 가사당불
至心歸命禮 袈裟幢佛

지심귀명례 대통산왕불
至心歸命禮 大通山王佛

지심귀명례 정월불
至心歸命禮 淨月佛

지심귀명례 지승불
至心歸命禮 智勝佛

지심귀명례 정명왕불
至心歸命禮 淨名王佛

지심귀명례 지성취불
至心歸命禮 智成就佛

지심귀명례 산왕불
至心歸命禮 山王佛

지심귀명례 무상불
至心歸命禮 無上佛

지심귀명례 묘성불
至心歸命禮 妙聲佛

지심귀명례 만월불
至心歸命禮 滿月佛

지심귀명례 월면불
至心歸命禮 月面佛

지심귀명례 오십삼불
至心歸命禮 五十三佛

지심귀명례 진시방삼세 일체제불
至心歸命禮 盡十方三世 一切諸佛

시심귀명례 지장보살본원경
至心歸命禮 地藏菩薩本願經

지심귀명례 대승대집지장십륜경
至心歸命禮 大乘大集地藏十輪經

지심귀명례 점찰선악업보경
至心歸命禮 占察善惡業報經

지심귀명례 진시방삼세 일체존법
至心歸命禮 盡十方三世 一切尊法

지심귀명례 입능발지정 지장보살
至心歸命禮 入能發智定 地藏菩薩

지심귀명례 입구족무변지정 지장보살
至心歸命禮 入具足無邊智定 地藏菩薩

지심귀명례 입구족청정지정 지장보살
至心歸命禮 入具足淸淨智定 地藏菩薩

지심귀명례 입구족참괴지정 지장보살
至心歸命禮 入具足踵愧智定 地藏菩薩

지심귀명례 입구족제승명정 지장보살
至心歸命禮 入具足諸乘明定 地藏菩薩

지심귀명례 입무우신통명정 지장보살
至心歸命禮 入無憂神通明定 地藏菩薩

지심귀명례 입구족승통명정 지장보살
至心歸命禮 入具足勝通明定 地藏菩薩

지심귀명례 입보조제세간정 지장보살
至心歸命禮 入普照諸世間定 地藏菩薩

지심귀명례 입제불등거명정 지장보살
至心歸命禮 入諸佛燈炬明定 地藏菩薩

지심귀명례 입금강광정 지장보살
至心歸命禮 入金剛光定 地藏菩薩

지심귀명례 입전광명정 지장보살
至心歸命禮 入電光明定 地藏菩薩

지심귀명례 입구족상묘미정 지장보살
至心歸命禮 入具足上妙味定 地藏菩薩

지심귀명례 입구족승정기정 지장보살
至心歸命禮 入具足勝精氣定 地藏菩薩

지심귀명례 입상묘제자구정 지장보살
至心歸命禮 入上妙諸資具定 地藏菩薩

지심귀명례 입무쟁지정 지장보살
至心歸命禮 入無諍智定 地藏菩薩

지심귀명례 입구족세로광정 지장보살
至心歸命禮 入具足世路光定 地藏菩薩

지심귀명례 입선주승금상정 지장보살
至心歸命禮 入善住勝金剛定 地藏菩薩

지심귀명례 입구족자비성정 지장보살
至心歸命禮 入具足慈悲聲定 地藏菩薩

지심귀명례 입인집제복덕정 지장보살
至心歸命禮 入引集諸福德定 地藏菩薩

지심귀명례 입해전광정 지장보살
至心歸命禮 入海電光定 地藏菩薩

지심귀명례 이제정력제도병겁 지장보살
至心歸命禮 以諸定力除刀兵劫 地藏菩薩

지심귀명례 이제정력제질병겁 지장보살
至心歸命禮 以諸定力除疾病劫 地藏菩薩

지심귀명례 이제정력제기근겁 지장보살
至心歸命禮 以諸定力除饑饉劫 地藏菩薩

지심귀명례 현불타신 지장보살
至心歸命禮 現佛陀身 地藏菩薩

지심귀명례 현보살신 지장보살
至心歸命禮 現菩薩身 地藏菩薩

지심귀명례 현독각신 지장보살
至心歸命禮 現獨覺身 地藏菩薩

지심귀명례 현성문신 지장보살
至心歸命禮 現聲聞身 地藏菩薩

지심귀명례 현대자재천신 지장보살
至心歸命禮 現大自在天身 地藏菩薩

지심귀명례 현대범천신 지장보살
至心歸命禮 現大梵天身 地藏菩薩

지심귀명례 현타화자재천신 지장보살
至心歸命禮 現他化自在天身 地藏菩薩

지심귀명례 현야마천신 지장보살
至心歸命禮 現夜摩天身 地藏菩薩

지심귀명례 현도솔천신 지장보살
至心歸命禮 現兜率天身 地藏菩薩

지심귀명례 현제석천신 지장보살
至心歸命禮 現帝釋天身 地藏菩薩

지심귀명례 현사대천왕신 지장보살
至心歸命禮 現四大天王身 地藏菩薩

지심귀명례 현전륜왕신 지장보살
至心歸命禮 現轉輪王身 地藏菩薩

지심귀명례 현장부신 지장보살
至心歸命禮 現丈夫身 地藏菩薩

지심귀명례 현부녀신 지장보살
至心歸命禮 現婦女身 地藏菩薩

지심귀명례 현동남신 지장보살
至心歸命禮 現童男身 地藏菩薩

지심귀명례 현동녀신 지장보살
至心歸命禮 現童女身 地藏菩薩

지심귀명례 현용신 지장보살
至心歸命禮 現龍身 地藏菩薩

지심귀명례 현야차신 지장보살
至心歸命禮 現夜叉身 地藏菩薩

지심귀명례 현나찰신 지장보살
至心歸命禮 現羅刹身 地藏菩薩

지심귀명례 현아귀신 지장보살
至心歸命禮 現餓鬼身 地藏菩薩

지심귀명례 현사자신 지장보살
至心歸命禮 現獅子身 地藏菩薩

지심귀명례 현향상신 지장보살
至心歸命禮 現香象身 地藏菩薩

지심귀명례 현마신우신 지장보살
至心歸命禮 現馬身牛身 地藏菩薩

지심귀명례 현종종금수지신 지장보살
至心歸命禮 現種種禽獸之身 地藏菩薩

지심귀명례 현염마왕신 지장보살
至心歸命禮 現閻魔王身 地藏菩薩

지심귀명례 현지옥졸신 지장보살
至心歸命禮 現地獄卒身 地藏菩薩

지심귀명례 현지옥제유정신 지장보살
至心歸命禮 現地獄諸有情身 地藏菩薩

지심귀명례 증장사중수명 지장보살
至心歸命禮 增長四衆壽命 地藏菩薩

지심귀명례 증장사중무병 지장보살
至心歸命禮 增長四衆無病 地藏菩薩

지심귀명례 증장사중색력명문 지장보살
至心歸命禮 增長四衆色力名聞 地藏菩薩

지심귀명례 증장사중정계다문 지장보살
至心歸命禮 增長四衆淨戒多聞 地藏菩薩

지심귀명례 증장사중자구재보 지장보살
至心歸命禮 增長四衆資具財寶 地藏菩薩

지심귀명례 증장사중혜사 지장보살
至心歸命禮 增長四衆慧捨 地藏菩薩

지심귀명례 증장사중묘정 시상보살
至心歸命禮 增長四衆妙定 地藏菩薩

지심귀명례 증장사중안인 지장보살
至心歸命禮 增長四衆安忍 地藏菩薩

지심귀명례 증장사중방편 지장보살
至心歸命禮 增長四衆方便 地藏菩薩

지심귀명례 증장사중각분성제광명 지장보살
至心歸命禮 增長四衆覺分聖諦光明 地藏菩薩

지심귀명례 증장사중취입대승정도 지장보살
至心歸命禮 增長四衆趣入大乘正道 地藏菩薩

지심귀명례 증장사중법명 지장보살
至心歸命禮 增長四衆法明 地藏菩薩

지심귀명례 증장사중성숙유정 지장보살
至心歸命禮 增長四衆成熟有情 地藏菩薩

지심귀명례 증장사중대자대비 지장보살
至心歸命禮 增長四衆大慈大悲 地藏菩薩

지심귀명례 증장사중묘칭변만삼계 지장보살
至心歸命禮 增長四衆妙稱遍滿三界 地藏菩薩

지심귀명례 증장사중법우보윤삼계 지장보살
至心歸命禮 增長四衆法雨普潤三界 地藏菩薩

지심귀명례 증장사중일체대지정기자미
至心歸命禮 增長四衆一切大地精氣滋味

지장보살
地藏菩薩

지심귀명례 증장사중일체종자정기자미
至心歸命禮 增長四衆一切種子精氣滋味

지장보살
地藏菩薩

지심귀명례 증장사중일체선작사업 지장보살
至心歸命禮 增長四衆一切善作事業 地藏菩薩

지심귀명례 증장사중정법정기선행 지장보살
至心歸命禮 增長四衆正法精氣善行 地藏菩薩

지심귀명례 증장사중유익지수화풍 지장보살
至心歸命禮 增長四衆有益地水火風 地藏菩薩

지심귀명례 증장사중육도피안묘행 지장보살
至心歸命禮 增長四衆六到彼岸妙行 地藏菩薩

지심귀명례 영리우고희구만족 지장보살
至心歸命禮 令離憂苦希求滿足 地藏菩薩

지심귀명례 영리우고음식충족 지장보살
至心歸命禮 令離憂苦飲食充足 地藏菩薩

지심귀명례 영리우고자구비족 지장보살
至心歸命禮 令離憂苦資具備足 地藏菩薩

지심귀명례 영리원증애락합회 지장보살
至心歸命禮 令離怨憎愛樂合會 地藏菩薩

지심귀명례 영유중병신심안온 지장보살
至心歸命禮 令愈衆病身心安穩 地藏菩薩

지심귀명례 영사독심자심상향 지장보살
至心歸命禮 令捨毒心慈心相向 地藏菩薩

지심귀명례 영해뇌옥자재환희 지장보살
至心歸命禮 令解牢獄自在歡喜 地藏菩薩

지심귀명례 영리수집편달가해 지장보살
至心歸命禮 令離囚執鞭撻加害 地藏菩薩

지심귀명례 영창신심기력강성 지장보살
至心歸命禮 令暢身心氣力强盛 地藏菩薩

지심귀명례 영구제근무유손괴 지장보살
至心歸命禮 令具諸根無有損壞 地藏菩薩

지심귀명례 영리요뇌심무광란 지장보살
至心歸命禮 令離擾惱心無狂亂 地藏菩薩

지심귀명례 영리탐욕신심안락 지장보살
至心歸命禮 令離貪慾身心安樂 地藏菩薩

지심귀명례 영리위난안온무손 지장보살
至心歸命禮 令離危難安穩無損 地藏菩薩

지심귀명례 영리포외보전신명 지장보살
至心歸命禮 令離怖畏保全身命 地藏菩薩

지심귀명례 영리우고만족다문 지장보살
至心歸命禮 令離憂苦滿足多聞 地藏菩薩

지심귀명례 우살생자설숙앙단명보 지장보살
至心歸命禮 遇殺生者說宿殃短命報 地藏菩薩

지심귀명례 우절도자설빈궁고초보 지장보살
至心歸命禮 遇竊盜者說貧窮苦楚報 地藏菩薩

지심귀명례 우사음자설작합원앙보 지장보살
至心歸命禮 遇邪淫者說雀景鴛鴦報 地藏菩薩

지심귀명례 우악구자설권속투쟁보 지장보살
至心歸命禮 遇惡口者說眷屬鬪諍報 地藏菩薩

지심귀명례 우훼방자설무설창구보 지장보살
至心歸命禮 遇毁謗者說無舌瘡口報 地藏菩薩

지심귀명례 우진에자설추루융잔보 지장보살
至心歸命禮 遇瞋恚者說醜陋蕮殘報 地藏菩薩

지심귀명례 우간린자설소구위원보 지장보살
至心歸命禮 遇慳悋者說所求違願報 地藏菩薩

지심귀명례 우음식무도자실기갈인병보
至心歸命禮 遇飮食無度者說飢渴咽病報

지장보살
地藏菩薩

지심귀명례 우전렵자정자설경광상명보
至心歸命禮 遇畋獵恣情者說驚狂喪命報

지장보살
地藏菩薩

지심귀명례 우패역부모자설천지재살보
至心歸命禮 遇悖逆父母者說天地災殺報

지장보살
地藏菩薩

지심귀명례 우소림자설광미취사보 지장보살
至心歸命禮 遇燒林者說狂迷取死報 地藏菩薩

지심귀명례 우망포생추자설골육분리보
至心歸命禮 遇網捕生雛者說骨肉分離報

지장보살
地藏菩薩

지심귀명례 우훼방삼보자설맹롱음아보
至心歸命禮 遇毀謗三寶者說盲聾瘖瘂報

지장보살
地藏菩薩

지심귀명례 우경법만교자설영처악도보
至心歸命禮 遇輕法慢敎者說永處惡道報

지장보살
地藏菩薩

지심귀명례 우파용상주자설윤회지옥보
至心歸命禮 遇破用常住者說輪廻地獄報

지장보살
地藏菩薩

지심귀명례 우오범무승자설영재축생보
至心歸命禮 遇汚梵誣僧者說永在畜生報

지장보살
地藏菩薩

지심귀명례 우탕화참작상생자설체상보
至心歸命禮 遇湯火斬斫傷生者說遞償報

지장보살
地藏菩薩

지심귀명례 우파계범재자설금수기아보
至心歸命禮 遇破戒犯齋者說禽獸飢餓報

지장보살
地藏菩薩

지심귀명례 우비리훼용자설소구궐절보
至心歸命禮 遇非理毁用者說所求闕絶報

지장보살
地藏菩薩

지심귀명례 우오아공고자설비사하천보
至心歸命禮 遇吾我貢高者說卑使下賤報

지장보살
地藏菩薩

지심귀명례 우양설투란자설무설백설보
至心歸命禮 遇兩舌鬪亂者說無舌百舌報

지장보살
地藏菩薩

지심귀명례 우사견자설변지수생보 지장보살
至心歸命禮 遇邪見者說邊地受生報 地藏菩薩

지심귀명례 백천방편교화중생 지장보살
至心歸命禮 百千方便敎化衆生 地藏菩薩

지심귀명례 문수사리보살
至心歸命禮 文殊師利菩薩

지심귀명례 보현보살
至心歸命禮 普賢菩薩

지심귀명례 관세음보살
至心歸命禮 觀世音菩薩

지심귀명례 대세지보살
至心歸命禮 大勢至菩薩

지심귀명례 아일다보살
至心歸命禮 阿逸多菩薩

지심귀명례 재수보살
至心歸命禮 財首菩薩

지심귀명례 정자재왕보살
至心歸命禮 定自在王菩薩

지심귀명례 광목보살
至心歸命禮 光目菩薩

지심귀명례 일광보살
至心歸命禮 日光菩薩

지심귀명례 월광보살
至心歸命禮 月光菩薩

지심귀명례 무진의보살
至心歸命禮 無盡意菩薩

지심귀명례 해탈보살
至心歸命禮 解脫菩薩

지심귀명례 보광보살
至心歸命禮 普廣菩薩

지심귀명례 진시방삼세일체보살
至心歸命禮 盡十方三世一切菩薩

지심귀명례 발양계교권선대사 도명존자
至心歸命禮 發揚啓教勸善大師 道明尊者

지심귀명례 진시방삼세일체현성승
至心歸命禮 盡十方三世一切賢聖僧

예배하온 큰공덕과 뛰어난행의
가이없고 수승한복 회향합니다
원하오니 고에빠진 모든유정들
어서빨리 극락왕생 하여지이다

나무 대자대비 대원본존 지장보살(3번)

IV

'지장보살' 천번 염송

'종합적인 지장기도법' 중 마지막으로 하는 1천 번의 '지장보살' 염불 때에는, 앞의 '나무지장보살'을 외울 때처럼 천천히 외우기보다는 마음을 집중하여 빨리 외우는 것이 좋습니다. '나무'를 빼고 '지장보살' 네 글자만 외우되, 한 손에 천주를 쥐고, 들숨과 날숨을 가릴 것 없이 끊임없이 외워야 합니다. 그야말로 지장보살과 내가 하나 되도록 간절히 염하라는 것입니다.

이렇게 천 번의 빠른 '지장보살' 염불 후 순간적인 고요가 찾아들 때, 다시금 머리 조아리며 간절히 발원을 하고 회향을 합니다.그리고 다음의 〈총결 찬탄〉을 하면 기도가 끝납니다.

나무대원본존지장보살마하살.

총결찬탄
總結讚歎

지장보살 신묘위력 비할데없네
금색화신 곳곳마다 고루나투사
삼도육도 중생에게 묘법설하여
사생십류 모든중생 자은을입네
장상명주 천당길을 밝게비추고
석장떨쳐 지옥문을 활짝여시고
누세종친 친척들을 이끌어내어
구품연대 부처님께 예배케하네

츰부다라니

츰부츰부 츰츰부 아가서츰부 바결랍츰부 암벌람츰부 비러츰부 발절랍츰부 아루가츰부 답뭐츰부 살담뭐츰부 살더일허뭐츰부 비바루가찰뭐츰부 우뭐섬뭐츰부 내여나츰부 뷜랄여삼므지랄나츰부 찰라츰부 비실바리여츰부 서살더랄바츰부 비여자수재맘히리 담미 섬미 잡결랍시 잡결랍뮈스리 치리 시리 결랄뭐뷜러 발랄지히리 벌랄비 뷜랄저러니달리 헐랄달니 뭐러 져져져져히리 미리 이결타 탑기 탑규루 탈리 탈리 미리 뭐대 더대 구리 미리 앙규지더비 얼리 기리 뷔러 기리 규차섬뮈리 징기 둔기 둔규리 후루 후루 후루 규루술두미리 미리기 미리대 뷘자더 허러히리 후루 후루루

츰부다라니는 《지장십륜경》 서품에 수록되어 있으며, '구족수화 길상광명 대기명주 총지장구具足水火 吉祥光明 大記明呪 總持章句'로서 지장보살님께서는 이 다라니를 설하신 연유를 다음과 같이 밝혔습니다.

"이 다라니는 모든 번뇌를 맑혀 주고, 싸움을 종식시키고, 나쁜 생각을 없애 주느니라. 이 다라니는 모든 희망을 이루어주고, 모든 곡식을 영글게 하며, 모든 부처님의 가호를 받게 해주고, 모든 보살님의 가호를 받게 해주느니라."

이상의 소원을 지닌 분이 츰부다라니를 외우면 크게 영험을 얻을 수 있다고 합니다.

변식진언(變食眞言)

나막 살바다타 아다 바로기제

옴 삼바라 삼바라 훔

감로수진언(甘露水眞言)

나무 소로바야 다타아다야 다냐타

옴 소로소로 바라소로 바라소로 사바하

이 두 진언은 훌륭한 음식으로 무량한 영가를 만족시키고 재자의 복덕과 수명을 증장시키는 진언입니다. 정식으로 재를 지내지 않고 영가에게 음식과 차를 올릴 경우 이 두 가지 진언은 꼭 해주는 것이 좋습니다.

영가에게 시식을 할 때 먼저 변식진언을 세 번 외웁니다. 첫번째는 밥 한 그릇이 일곱 그릇으로 변하는 것을 관하고, 두번째는 일곱 그릇이 마흔아홉 그릇으로 변하는 것을 관해야 하며, 세번째는 수없이 많은 공양물로 변하는 것을 마음속으로 관해야 합니다.

감로수 진언을 외울 때도 마찬가지입니다. 옛말에 "하늘 사람은 물을 유리 궁전으로 보고, 사람은 물을 물로 보며, 고기는 물 속에 살면서도 물을 보지 못하고, 귀신은 물을 불로 본다."고 하였습니다. 이와 같이 영가는 물을 불로 보기 때문에, 차나 물을 올릴 때 감로수를 생각하며 감로수진언을 외워주어야 그것을 마실 수 있다고 합니다.

실로 변식을 이루어내고 감로수를 마실 수 있게 하는 것은 주문의 힘과 나의 관상력(觀想力), 그리고 삼보(三寶)의 신력(神力)으로 말미암아 이루어지

는 것이므로, 이 다라니를 외울 때는 반드시 관을 하여 영가들이 한껏 공양을
받을 수 있도록 해주어야 합니다.

광명진언(光明眞言)

옴 아모가 바이로차나 마하무드라
마니 파드마 즈바라 프라바를타야 훔

  광명진언은 부처님의 한량없는 자비와 지혜의 힘으로 새로운 태어남을 얻
게하는 신령스러운 힘을 지니고 있습니다.아무리 깊은 죄업과 짙은 어두움이
마음을 덮고 있을지라도 부처님의 빛 속에 들어가면 저절로 맑아지고 깨어나
게 된다는 것이 이 진언을 외워 영험을 얻는 원리입니다.
  이 진언을 지극정성으로 외우면 모든 업장을 소멸하여 소원을 성취할 뿐
아니라 영가의 장애도 사라지며, 죽은 이를 위하여 이 진언을 외우면 모두가
극락세계에 왕생하게 됩니다. 특히 잠자기 전에 단정히 앉아 입으로 광명진
언을 외우고 마음으로 원하는 바를 생각하며 기도하면 성취가 매우 큰 것으
로 알려져 있습니다.

기도 및 49재 법보시용으로 좋은 책 (책 크기 신국판)

광명진언 기도법 / 일타스님·김현준 180쪽 6,000원
광명진언 속에 새겨진 참의미와 바른 기도법, 빠른 기도성취법 등을 자상하게 설하고, 유형별 기도성취 영험담을 다양하게 수록하였으며, 누구나 보기 쉽도록 큰활자로 발간하였습니다. 광명진언을 외우면 행복과 평화, 영가천도, 소원성취를 이룰 수 있습니다.

신묘장구대다라니 기도법 / 우룡스님·김현준 7,000원
광명진언 속에 새겨진 참의미와 바른 기도법, 빠른 기도성취법 등을 자상하게 설하고, 유형별 기도성취 영험담을 다양하게 수록하였으며, 누구나 보기 쉽도록 큰활자로 발간하였습니다. 광명진언을 외우면 행복과 평화, 영가천도, 소원성취를 이룰 수 있습니다.

생활 속의 기도법 / 일타스님 160쪽 6,000원
불교계 최대의 베스트셀러! 누구나 처할 수 있는 여러 가지 상황에 따른 구체적인 기도방법에서부터 특별기도성취법·영가천도기도법·기도할 때 지녀야 할 마음가짐까지, 자상한 문체로 예화를 섞어 쉽고 재미있게 엮었습니다.

기 도 祈禱 / 일타스님 240쪽 9,000원
총 6장 52편의 다양한 기도성취 영험담으로 엮어진 이 책을 읽다 보면 기도를 통해 틀림없이 부처님의 가피를 입을 수 있음을 확신할 수 있게 되고, 올바른 기도법과 함께 기도성취의 지름길을 알 수 있게 됩니다.

영가천도 / 우룡스님 160쪽 6,000원
돌아가신 영가를 천도해 드렸습니까? 영가천도의 필요성과 기본자세, 염불·독경·사경을 통한 영가천도, 49재, 낙태아 천도 등을 우룡스님의 자상한 법문으로 알기 쉽게 풀어드립니다.

기도 이야기 / 우룡스님 204쪽 7,000원
총 6장 45편의 다양한 이야기가 수록된 이 책을 읽고 기도하면 감응의 길이 열리면서 심중소원을 성취하게 됩니다. 또 이야기 끝에 붙인 스님의 해설을 통하여 올바른 기도법을 알 수 있게 됩니다.

기도성취 백팔문답 / 김현준 240쪽 9,000원
기도에 대한 정의·기도와 믿음·업장소멸의 방법·꾸준한 기도의 효험·원을 세우는 법·축원법·각종 기도가피와 기도성취의 시기·성취를 위한 하심법下心法 등 기도에 관한 궁금증들을 문답형식으로 자상하게 풀이하였습니다.

참회와 사랑의 기도법 / 김현준 192쪽 7,000원
84가지 문답을 통해 참회의 정의, 참회를 해야 하는 까닭, 절·염불·주력 참회법, 가족을 향한 참회법 등에 대해 기간·장소·시간·자세·축원의 내용까지 상세하게 설하고 있으며, 백중기도에 대한 글을 함께 싣고 있습니다.

불교의 자녀사랑 기도법 / 김현준 160쪽 6,000원
자녀들을 정말 잘 사랑할 수 있는 방법을 부처님의 가르침에 의지하여 쓴 책입니다. 자녀 교육 방법, 자녀를 위한 기도법과 함께 부모님께 효도해야 하는 까닭도 수록하였습니다.

미타신앙·미타기도법 / 김현준 160쪽 6,000원
아미타불과 극락의 참 모습, 칭명염불·오회염불·관상염불·천도염불 등의 각종 염불수행법과 함께 임종하는 이를 위한 의식과 49재 기간의 행법 등을 자세히 밝히고 있습니다.

관음신앙·관음기도법 / 김현준 240쪽 9,000원
관음신앙의 뿌리, 관세음보살의 구원능력, 주요 경전 속의 관음관, 자비관음의 여러 모습, 일념염불·독경사경·다라니 염송을 통한 관음기도법 등을 자세하게 풀이하였습니다.

지장신앙·지장기도법 / 김현준 192쪽 7,000원
대원본존 지장보살의 중생을 구제, 영가천도기도법, 자녀를 위한 기도, 평온한 삶을 위한 기도, 소원 성취와 고난 극복을 위한 기도 등을 자세히 설명하고 있습니다.

자비도량참법 / 김현준 역 4*6배판 528쪽 25,000원
나의 허물과 죄업의 참회에서 시작하여 부모·스승·친척 등 육도 속을 윤회하는 온 법계 중생의 업장과 무명까지를 모두 소멸시켜 주는 것이 자비도량참법입니다. (양장본)

참회·참회기도법 / 김현준 160쪽 6,000원
참회의 참된 의미, 절·염불을 통한 참회법, 참회인의 마음가짐, 이참법 등을 영험담들과 함께 감동 깊게 엮은 책으로, 참회를 통해 행복하고 자유로운 삶을 사는 방법을 열어주고 있습니다.

법보시를 원하시는 분은 출판사로 연락 주십시오. 할인혜택을 드립니다.
전화 02-587-6612, 582-6612 팩스 02-586-9078